スーパーマーケットのバリューイノベーション

——新しい価値創造

商人伝道師
水元　均
Hitoshi Mizumoto

せまりくる
減の時代

商業界

まえがき

「経験」で判断した企業が苦しんでいる

平成22年5月の日本の総人口　前年比17万人減。
平成20年度の国内総生産　前年比４・２％減。
平成20年度の国民所得　６・９％減。

今の日本が、「１００年に一度の大不況下」にあるのどうか、小生にはわかりません。
でも、これだけは言えます。
「今まで経験したことのない〝減の時代〟に突入した」ということを…。
だから、どう対処していいかわからない。
そこで、企業の経営者はどうしたか？
ズバリ、「過去の経験に基づいて」判断し、指示を出したんです。

まえがき

〝減の時代〟に突入しているのに「安く売れ!」

〝減の時代〟に突入しているのに「値下げしろ!」

〝減の時代〟に突入しているのに「プライベートブランド(PB)の開発だ!」

しかし、これはあくまでも、今の日本人、いや経営者が「経験」を基に考え出した「手段」にすぎません。

そのために生じたこと。

大幅な一品単価ダウン――。

それも、客数アップや買上点数アップが到底追いつかないほどのダウンです。

しかも、安くしても客数や買上点数は全くアップせず、今や出口の見えない底なし沼へと入り込んでいこうとしている。

ドイツの宰相ビスマルクのことわざにこんなものがあります。

「賢者は歴史に学び、愚者は経験に学ぶ」

今まさに〝経験〟を信じ〝経験〟に基づき〝経験〟によって判断した多くの小売業界経営者が悩み苦しんでいる。

そこで本書では、さまざまな角度から今回の「減の時代」への対策を提言させていただきます。

「減の時代」というモンスターの侵食

もちろん、小生とて本書で述べる減の時代対策がすべてとは思いません。

しかし、少なくとも今の日本のスーパーマーケット業界の〝常識〟といわれる対策とは全く違う対策を述べさせてもらいます。

よって、「今のままの不況対策でいい」という企業さまには全く意味のない本です。

そうではなくて、少しでも今の自分たちが進んでいる方向性について〝疑問〟を持っておられる企業さまや読者の方にはぜひ最後まで読んでいただきたいと思います。


この本を執筆している最中、私はものすごく感じることがありました。

それは、「新しいスーパーマーケットの時代」が到来している、ということです。

今までのスーパーマーケットの〝パラダイム〟（規範・判例・常識）が通用しなくなっている。

いわゆる大きな〝パラダイムシフト〟の時が訪れている。

その事実に〝気づき〟いち早く〝教育投資〟し〝勇気〟を持ってイノベーションを起こ

した企業のみが一人勝ちする時代がやってきたのです。

皆さんもご存じかもしれませんが、売上高世界一の規模を誇るウォルマートが食品ビジネスに参入してきたのは１９８８年のことです。

ですから、１９９０年末までには食品を扱ったスーパーセンターはたった9店舗しかなかったのです。

それが15年後の２００５年には約１９００店舗にまで拡大している。

たった15年の間で、です。

するとアメリカのスーパーマーケット業界はどうなったか？

かつて日本のスーパーマーケットが「お手本」としたクローガーやセーフウェイ、アルバートソンなどは軒並み業績悪化、もしくは経営破綻してしまったのです。

ウォルマートが食品ビジネスに本格進出し始めてから、この約10年間でなんと31社のスーパーマーケット企業が連邦破産法11条、いわゆる「チャプター11（イレブン）」による破産手続きを行いました。

かつて、日本人が「お手本」にしていたスーパーマーケットが、です。

でも、これを「海の向こうの話」と片付けてしまっていいのでしょうか？

日本でもこんな時代が訪れるかもしれない。

それは、アメリカのような「ウォルマートの恐怖」ではなく、「減の時代」という得体の知れないモンスターに侵食される形でやってくるかもしれません。

だから、「過去の成功体験」を捨て、もう一度「勉強し直す」時が到来したのです。

それも、すべての経営者からパートナー社員（パート社員）さんに至るまで。

デフレ時には一人勝ちする企業が登場する

そして今は「デフレ」状態…。

「インフレ」時には、急成長する企業、一人勝ちする企業はなかなか現れてきません。

しかし、「デフレ」時には急成長する企業、一人勝ちする企業が現れてきます。

なぜでしょう?

「パラダイムシフト」できる環境下にあるからです。

もっと簡単に言うと、「今の状態を変えなければ窮地に追い込まれる、という切羽詰まった環境にある」からなのです。

そして勇気を持って「イノベーション」を実践すれば、「デフレ」環境下では「インフレ」時には考えられないような利益を生み出すことができるのです。

まえがき

なぜなら、すべての「価格」が下がるからです。
皆さん、今はまさに千載一遇の「チャンス」なのです。
〝イノベーション〟を恐れなければ…。
小生が、幾度となく掲げてきた「進化論」のチャールズ・ダーウィンの言葉。
「最も強いものが生き残るのではなく、最も賢いものが生き延びるわけでもない。
唯一生き残るのは、変化できるものだけである」
小生は、強く感じます。
「この言葉が今まさにピタリとフィットする時代が訪れたのだなあ」、と。
あなたにも、あなたの会社にも、あなたの店舗にも、チャンスがあるのです。
あとは
「正しい知識と情報」
「その知識や情報を知恵に変える**決断**」
「知恵を行動に変える**勇気**」
を持てるかどうかなのです。
では、スタートします。
「せまりくる減の時代」に向けての新提案です。

［目次］

せまりくる減の時代
スーパーマーケットのバリューイノベーション——新しい価値創造

第7章

[目次]

せまりくる減の時代

スーパーマーケットのバリューイノベーション——**新しい価値創造**

〈参考文献〉

・「マネジメント」　P.F.ドラッカー

・「競争優位の戦略」マイケル・E・ポーター著／土岐伸也訳（以上ダイヤモンド社）

・「アリが巨象に勝つ　サスティナブル戦略」　町田守弘・ウィルソン稔子他著（星雲社）

・「『ワタシが主役』が消費を動かす」　日野佳恵子著（ダイヤモンド社）

・「超大型店とどう戦うか？」　ケネス・E・ストン著／渡辺俊幸訳（ビジネス社）

・「メガトレンド」　ジャン・ネスビッツ著／竹村健一訳（三笠書房）

〈写真ご協力企業様〉

株式会社いちやまマート

株式会社九州屋

株式会社キョーエイ

株式会社サンシャインチェーン本部

株式会社サンシャイン高知

株式会社ニチエー

株式会社文化堂

株式会社ホーマス・キリンヤ

ヤマダストアー株式会社

山勝総合食品株式会社

株式会社ユアーズ

ありがとうございました。

ブックデザイン●ecru 徳武伸子／佐藤律子

第1章

アメリカのスーパーマーケットからイノベーションを学ぶ

すべて人生は心に描いた通りになる。
どのような厳しい状況に置かれようと、
否定的なことを心に浮かべるべきではない。

（稲盛和夫）

アメリカで起きている7つの新潮流

「アメリカのスーパーマーケットを視察しても、日本に帰って何も実践できないので意味がない」

こう言われて久しくなりましたよね。

なぜそうなったんでしょう？

「日本のスーパーマーケット創生期」には、店舗のフォーマット、レイアウト、マネジメント、マーチャンダイジング、出店戦略など「アメリカに一から学ぶ」べきことがたくさんありました。

しかし、その後それなりに「モデリング」した結果、「もう何もアメリカから学ぶことはない」と思い始めた。

でも、本当にそれでいいんでしょうか？

小生はこう思います。

「アメリカのスーパーマーケットは、どうやってあの〝モンスター〟ウォルマートと共存共栄しているのか？」

「ウォルマートが食品ビジネスに進出してマーケットが減になったときの対策は?」

「なぜアメリカのスーパーマーケットがあんなに〝イノベーション〟〝業態革新〟できるのか?」

そんな角度から、アメリカのスーパーマーケットを分析してみると、ものすごいイノベーションのヒントがあるような気がするのです。

アメリカは「自由の国」「競争の国」「強い者のみが生き残る国」。

日本のように〝規制〟で守られることがあまりない国。

その中で業績も良く、アメリカ国民が「働きたい」と熱望するスーパーマーケットがある。

なぜでしょうか? 疑問に思いますよね。

その〝疑問〟を学ぶことが、皆さんの企業のこれからの〝イノベーション〟のヒントになると思うのです。

だから、あえて「第1章」でアメリカのスーパーマーケットのイノベーションについて書きました。

アメリカの〝トレンド〟を学ぶことにより、これからの自分たちの方向性が見えてくるかもしれません。

第1の潮流　〝人種別比率の変化〟

アメリカでは今、7つの大きな潮流の変化が起きています。

その1つ目が…。

「人種別比率の変化」です。

次頁**図表①**をご覧ください。もう「アメリカ＝黒人と白人」という構図は崩れてしまっているのです。

ヒスパニック系人口の急増です。

今、アメリカは1960年代前半のベビーブーム時代と同じくらい出生率が高い。いわゆる「ニューベビーブーム」なのです。2006年は1961年のベビーブーム以来の高い出生率で新生児が誕生しました。

しかも、そのうち約25％がヒスパニック系。

2050年にはヒスパニック系の人口は1億人を超えるだろうといわれています。

そしてこの人種別構成の変化が、アメリカのスーパーマーケットのマーチャンダイジング戦略や企業経営までも大きく変えてしまったのです。

図表① アメリカの人種別構成比

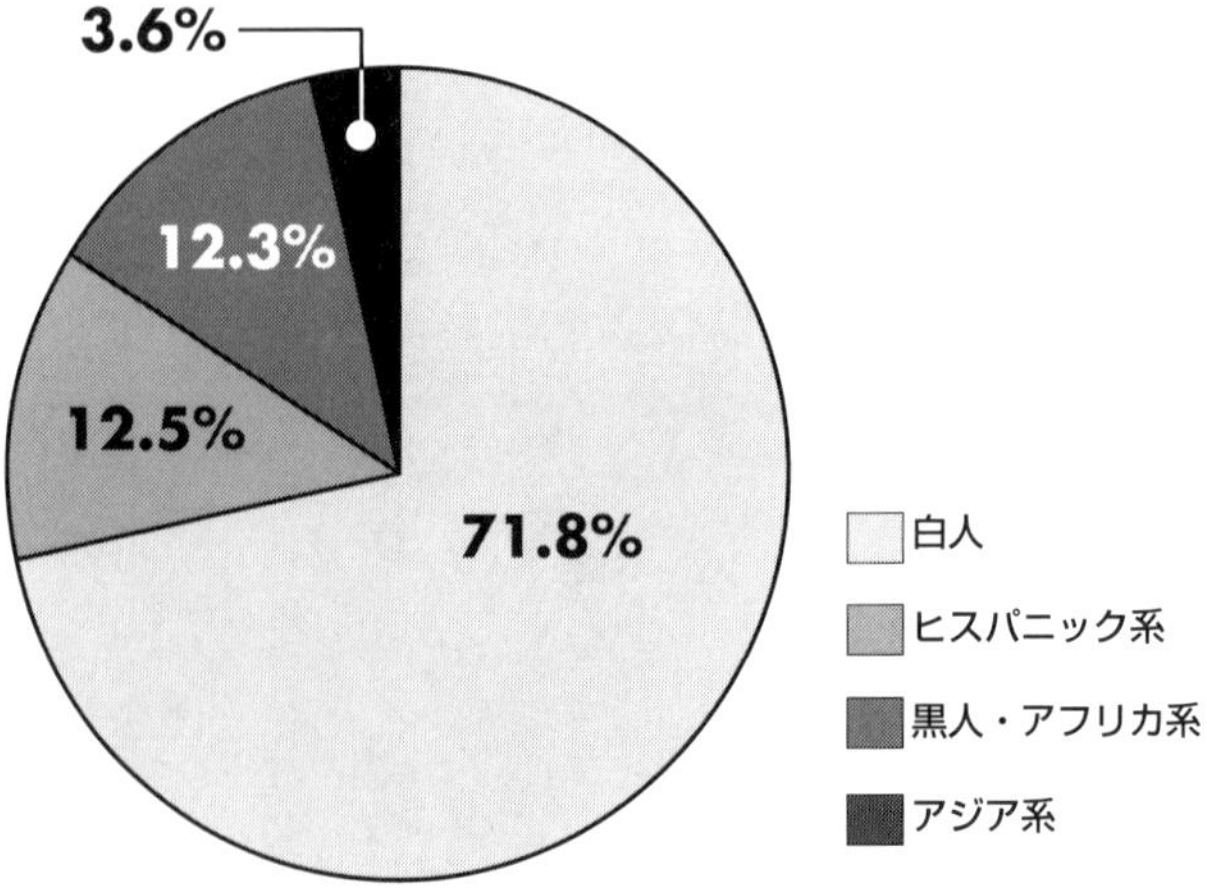

「マニュアル化」「標準化（平準化）」「本部主導型」を中心にした〝伝統的〟チェーンストア理論に固執したKマートやアルバートソンなどは、この人口動態の変化についてこられませんでした。

その半面、ウォルマートの「変化を見抜くマーケティング力」は卓越していました。

「ウォルマート＝伝統的なチェーンストア」と思われがちですが、違ったんですね。

実はウォルマートは「ストア・オブ・ザ・コミュニティ戦略（Store Of the Community）」を打ち出し、全店舗の店舗フォーマットやマーチャンダイジングを地域や人種構成に合わせて対応していくという、いわゆる〝個店主義〟にパラダイムシフトしていったのです。

それがなぜ実現できたのか？　それは、

①全米に網羅された約110カ所のディストリビューションセンター（DC）があるため

②「リテールリンク」に代表される情報システムの充実があるため

③サプライヤーとの情報の共有化による迅速かつ効率的な対応があるため

④約200種類以上の棚別プログラムがあり、地域性や人種の構成、競合店によって棚割りを変更できるシステム構築があるため

以上4つのシステム構築があるからです。

「日本は多民族国家ではないので関係ない」と思っていませんか？

でも、実は日本でも似たような変化が起こってくるのです。

それは「減の時代」に突入しているからです。そのために「格差」が生じてきます。

〝収入格差〟や〝地域間格差〟〝店舗間格差〟などが広がってくるのです。

ということは、その〝格差〟に対応できるように…、

DCやプロセスセンター（PC）のイノベーションをすべき時なのです。

情報システムの再構築や本部並びにバイヤーのイノベーションが必要となってくるのです。

「チェーンにおける〝個店主義〟」の時代が訪れてきているのです。

今までの「平準化・標準化」だけでは迫りくる〝減の時代〟には通用しなくなるのです。

アルバートソンやセーフウェイになりたいですか…。

第2の潮流　〝健康志向〟のトレンド

日本と同じように、いやそれ以上にアメリカ国民は「健康」への関心が高い。

その原因は、アメリカの「医療保険制度」にあります。

皆さんご存じのとおり今年の3月に「医療保険改革法案」が成立しました。これまでアメリカは国民皆保険制度ではなかったのです。

図表②のように特定の人間しか医療保険制度を受けることができなかった。

よって、ほとんどのアメリカ国民は民間の医療保険会社と個人契約するか、医療保険制度を活用している会社に入社し、団体医療保険に加入するしかなかった。

だから、日本以上に〝健康〟に関心があります。しかし、これからの日本とて同じ。

今、日本の国民医療費は増加する一方。

年間で80兆円を超えています。国家予算の10％以上を占めているのです。

ちなみにアメリカの「3大健康問題」は…、

図表②　これまでのアメリカの医療保険制度

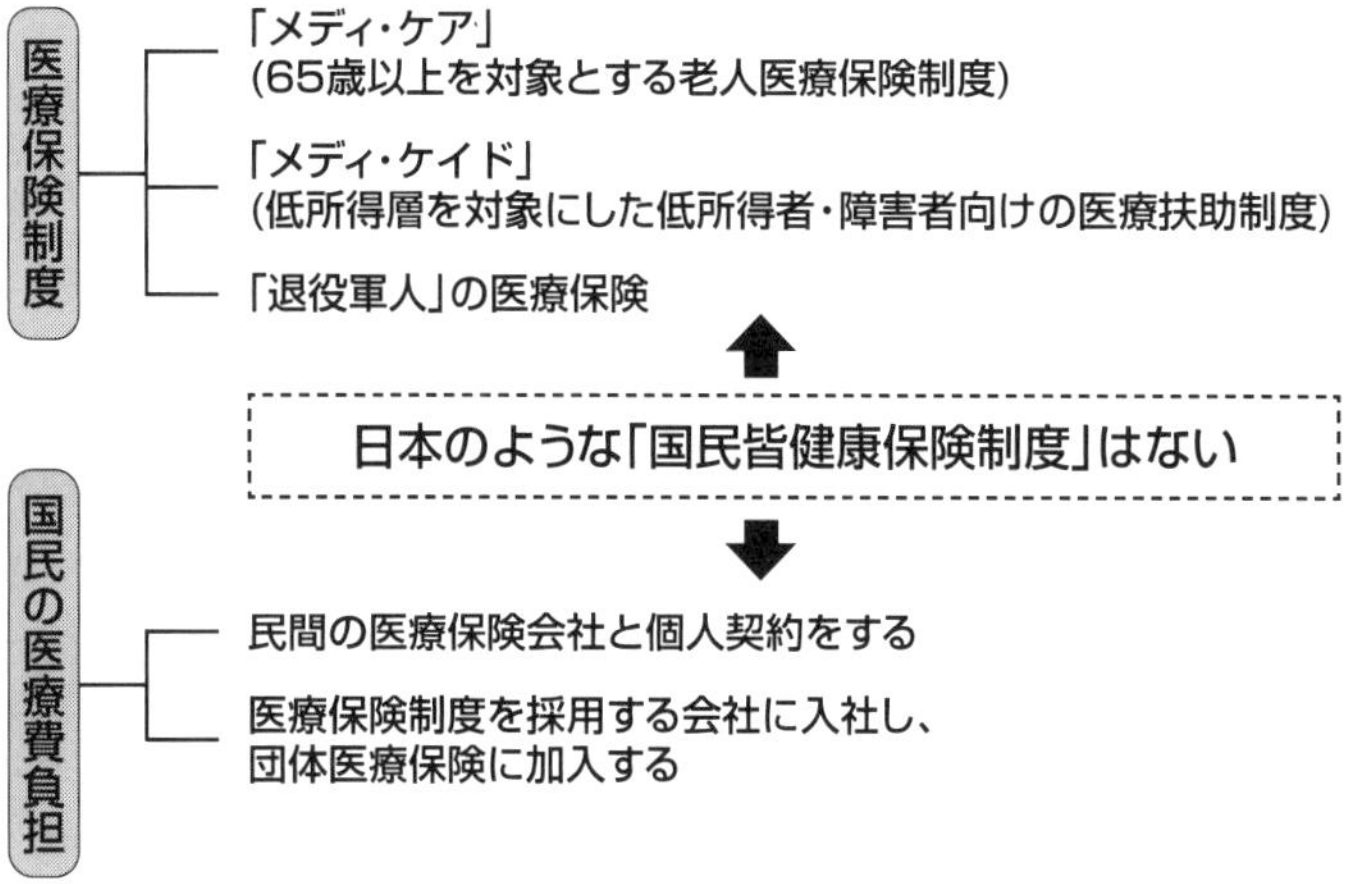

①食物アレルギー
②肥満
③生活習慣病（アメリカの3大死因は1位脳卒中、2位心臓病、3位がん）。

だから今、アメリカのスーパーマーケットは、

①アレルギー対策商品の品揃えや商品開発力で評価される。
②ウエートコントロール食品の品揃えや商品開発力で評価される。
③デリカでの「エスニック料理」の支持が高まり、その品揃えで評価が決まる。
④〝ブレーンフード〟と呼ばれる鮮魚（タラ、サケ、サバなど）の売場を拡大し、品揃えを充実させていることで評価される。

よって、ウォルマートとの〝価格対抗〟ばかりに心血を注いだ〝伝統的スーパーマーケット〟や〝大手チェーンストア〟はこの「健康志向」のトレンド対応が遅れたのです。

逆に「ホールフーズマーケット」や「ウェグマンズ」などは、この健康対策商品を徹底的に開発し、品揃えしてきたのです。

そして、それにより「独自化」戦略を確立し、生き残ってきたのです。

ただ、だからといって、皆さんに「オーガニックや自然食品の開発をしろ！」ということではありません。

ここで小生が言いたいのは…、

①生活者の〝消費トレンド〟をもっと勉強すべき

②その〝消費トレンド〟にマッチングした品揃えに変更していくべき

③その〝消費トレンド〟にマッチングした商品開発を進めていくべき

ということなのです。

今、日本も猛烈な「ディスカウント」合戦を繰り広げていますが、ホントにそれだけでいいんですか？

ウォルマートと「価格対抗」することばかり行っていたスーパーマーケットチェーンがどうなったか、というアメリカ小売業の歴史からわれわれは学ぶべきなのです。

第3の潮流　〝女性の社会進出〟

今、アメリカでは「ワーキングウーマン（キャリアウーマン）」の比率が成人女性の約73％を占めているといわれています。

ちなみに日本も同じく成人女性の67％が「ワーキングウーマン」化してきています。

そんな「女性の社会進出」という大きなトレンドを目の当たりにして、アメリカの小売業で画期的なことが起きたのです。

「女性の重役クラス（いわゆる会社役員クラス）」の大幅増です。

次頁**図表③**を見てください。アメリカの主な小売企業の「女性重役クラス」の比率です。いかに「女性の登用」を多く行っているかわかります。

それに比べて日本のスーパーマーケットはどうですか？　「女性重役クラス」といったら、社長の奥さんか経営者の身内の女性ばかりですよね。日本もアメリカと同じぐらいの比率で「ワーキングウーマン」化しているにもかかわらず…。

スーパーマーケットはお客さまの約80％近くが女性です。

これからは「女性の発言力」を高めていかねばならないでしょう。

図表③　米国主要小売企業の女性重役クラス比率

順位	会社名	全体(人数)	女性(人数)	割合(%)
1	ホールフーズ(SM)	26	7	27%
2	クローガー(SM)	20	4	20%
3	アルバートソン(SM)	11	2	18%
4	ロングス・ドラッグストア	42	6	14%
5	パブリックス(SM)	29	4	14%
6	ウォルグリーン	20	2	10%
7	CVS	11	1	9%
8	パスマーク	34	3	9%
9	セーフウェイ(SM)	25	2	8%

「女性の登用」を真剣に考えていかねばならないでしょう。

男性にはない「多様性」を持ち合わせている女性。

彼女たちを「重要ポスト」に登用することによって、企業戦略は多様性を持ったものに変化していくに違いないからです。

ただ単に「パートナー社員」の活性化ということに止まることなく、女性のバイヤー、店長、役員クラスへの登用がこれからの多様化する時代には必要不可欠なのです。

いわゆる「ダイバーシティ（多様化）戦略」。

女性が活躍することで、今まで男性の〝感性〟でしか見ていなかった経営や店舗運営、仕入れなどを、女性の〝感性〟で変革することができるかもしれません。

第4の潮流 〝高まるローカリズム思想〟

今、アメリカでもいわゆる「地産地消（ホームグロウン・ローカリーグロウン）」がブームとなってきています。

これにはいろんな要因がありますが、とりわけ「サスティナビリティ」の影響が大きいと思われます。

「サスティナビリティ（＝Sustainability）」とは直訳すると「持続可能な社会生活」ということです。

簡単に言うと、〝出店している地域社会や地域住民〟と〝企業〟が「共生できるビジネスモデル」を創り上げていこうということです。

これからの企業はビジネス上の自社利益を追求する一方で、地域社会の公共利益との間に相互利益を共有していかねばならないのです。例えば…、

■ ①トヨタは、ガソリン価格の上昇と大気汚染に対する国際的な懸念の増大から双方を満足させたハイブリッド車「プリウス」を開発した。

■②ヨーロッパとアメリカの自然食品、オーガニック食品を扱うスーパーマーケットでは、遺伝子組み換え食品を店頭から撤去した。

ということです。今、日本のスーパーマーケットでトレンドとしてある「地産地消」は、この「サスティナビリティ戦略」の一環だと思っていただければ結構です。

これからは日本でも生活者（消費者）は「モノの豊かさ」の追求から「心の豊かさ」の追求に変化していきます。

今の生活者は、「モノの豊かさ」を十分享受できているのです。

これからは「心の豊かさ」にお金を払いたいと思っているのです。

そういう時代になったときに、このような「ローカリズム」思想や「サスティナビリティ」戦略にいち早く取り組んだ企業が圧倒的な支持を受けることでしょう。

第5の潮流　HMRの「イーターテイメント化」

現在の、アメリカの主婦の平均調理時間は「約25分」です。

日本では考えられないですよね。この調理時間の短さ。

でも日本も、もう「成人女性の約67％がワーキングウーマン」なのです。

どんどん世代交代していくと、日本もこのようになるかもしれません。

ですから、アメリカではこの「女性の社会進出」の影響と「高齢化社会」（アメリカでも起きているんです）がスーパーマーケットの新しい戦略を生んでいるんです。

「HMR（ホーム・ミール・リプレースメント）」がより〝進化〟して「イーターテイメント（Eat+Entertainment）化」してきたのです。

この「イーターテイメント化」戦略が〝ウォルマート対抗〟の切り札となったのです。

具体的に言いますと…、

・オープンキッチンで〝魅せる売場〟づくり
・オープンキッチンで〝五感に訴える売場〟づくり
・おしゃれなフードコートコーナーの設置

など、スーパーマーケットの〝惣菜〟のレベルを超えて、〝レストラン〟や〝テーマパーク〟のレベルにまで持っていくという戦略です。

ここが日本のスーパーマーケットと大きく違うところなのです。

アメリカのスーパーマーケットのデリカテッセンは〝基準〟がレストランの味であり、レストランの雰囲気なのです。

しかし、日本はまだまだ「家庭の味」の延長。

「素材提供の進化の惣菜提供」になっている。

ここに気づいた企業。そしてそれを「システム化」「効率化」した企業は圧倒的な〝独自化戦略〟をとることができるのです。

「ウォルマート対抗の切り札は、デリカテッセンの進化、イノベーションである」――。

スーパーマーケットの激戦国アメリカの現実がわれわれに教えてくれていること。

皆さんの惣菜部門も〝大改革〟の時期がそこまできているのです。

第6の潮流　〝大型店から小型店へ〟

いわゆる「Small Format Revolution」。

ウォルマートの「マーケットサイド」。

テスコの「フレッシュ＆イージー」。

ホールフーズマーケットの「ホールフーズ・エキスプレス」。

セーフウェイの「ザ・マーケット」。

軒並み2000㎡（約600坪）以下の業態開発を行っています。

しかし、ここで小生からの忠告！「日本もこうなる！」ということで「Small Format

Revolution」という戦略を安易にとってはいけない。

よく考えてみてください。

「アメリカのスーパーマーケットは大き過ぎた」んですよ。ネイバーフッド（近距離商圏）の適正規模が「２０００㎡（約６００坪）」になったということなのです。

日本の地方スーパーマーケットのサイズも同じく「最低６００坪」は必要ということではないでしょうか。

決して、１００～３００坪を「Small Format」としているわけではないのです。ここを誤解しないでください。小生は、日本の地方スーパーマーケットは、今後「Big Format Revolution」になると信じています。

「薬事法改正」などで、スーパーマーケットでも大衆薬を販売できるようになりました。そして「イーターテイメント化」するには、もっともっと売場面積が欲しい。

だから、アメリカの「Small Format Revolution」のトレンドは〝逆説的〟にとらえていかねばならないと思っています。

むしろ総合スーパーやショッピングセンター、百貨店の「Small Format Revolution」をスーパーマーケットが約６００～８００坪で実現していく時が来たということです。

（もちろん、６００坪の売場面積を確保できない都市部は例外と見なさなければいけませんが…）

小生は、これから再度、アメリカのスーパーマーケットの店舗戦略やフォーマットに学ぶ時が来ていると思っているのです。

第7の潮流 〝人材教育投資型企業〟が強い

人の財産と書く「人財」。
人の材料と書く「人材」。
人の罪悪と書く「人罪」。

その中で、これから企業が最も必要とするのは、もちろん、「人財」です。

ウォルマートの戦略とは一線を画し、生き残ったアメリカのスーパーマーケット企業の共通項は「教育投資」「人財育成」でした。

かつてウォルマートも、「フードビジネス」進出後、徹底的に「教育投資」していました。

ちなみに、アメリカは業績が悪くなったり、世の中の景気が悪くなったりすると徹底して人財に投資する文化があります。

そして投資された〝人財〟社員はどんどん「独自化戦略」を考え、実行していくのです。

でも日本は違います。

業績不振に陥ると〝教育コスト〟を削減していきます。なぜそうなるか？

それは人材教育を〝投資〟と考えないで、〝コスト〟と考えるからです。

アメリカの独自化戦略をとっている企業は、人材教育を１００％〝投資〟と位置づけているのです。

もちろん、日本の教育のやり方が間違っているのかもしれません。

日本の「教育」は学校教育の延長です。いわゆる「覚える」ことの延長。

しかし、アメリカの「教育」はＭＢＡ的な学習です。

「ケーススタディ」を多く用いて、独自のフォーマット開発やマーチャンダイジング戦略、品揃え、部下の育成などをどんどん考えさせ、「提案」させる。

それを会社のトップ経営陣はどんどん「採用」しチャレンジさせる。

いわゆる「サムシングニュー」へのチャレンジです。

だから、アメリカは業績が悪化すればするほど「人材教育」に投資するのです。

これから日本も「人材教育」投資の時代なのです。

そして、教育方法を「MBA」スタイルに変更すべきなのです。

「覚える」教育から「考える」学習、「創造する」学習へのシフトです。

それに気づいた企業のみが、新しいこれからのスーパーマーケットのリーダーになるのかもしれません。

米国スーパーマーケットの「独自化戦略」

そもそも、「独自化戦略」とは何でしょう。

ハーバード大学のマーケティングの権威、マイケル・ポーター教授は、「企業が市場で競争的優位を獲得・維持するための戦略は3つある」と言っています。

その1つ目が「コストリーダーシップ戦略」。

この戦略で圧倒的な独自性を出したのが、「ウォルマート」であり、「コストコ」です。

マイケル・ポーターの戦略方程式「value=(Q+B)÷P」の分母のP（価格）を徹底的に安くするというのが、「コストリーダーシップ戦略」です。

そして2つ目の独自化戦略が「卓越化戦略」です。

すなわち、Q（品質）かB（利益－企業利益・顧客利益）が段トツで高い、もしくは両方ともが段トツで高くて、非価格競争で独自化を出す戦略です。

この戦略で成功しているのが、ホールフーズマーケットやウェグマンズです。

3つ目の独自化戦略は「集中化戦略」です。

これは、市場や顧客を絞り込み、そのターゲットにコストや価格訴求を集中し、圧倒的な独自性を出す戦略。

この戦略で成功している代表が「トレーダージョー」です。

そこで、皆さんの企業をマイケル・ポーターの「戦略方程式」に当てはめて考えてみてください。

「コストリーダーシップ戦略」で今後他社との独自性を出していきますか?

それとも、「卓越化戦略」で独自性を打ち出していきますか?

いや、「集中化戦略」で独自性を打ち出していきますか?

すごく、難しいですよね。どれもこれも中途半端という企業が多いのではないでしょうか。

でも今まではそれでも〝増の時代〟という〝フォローの風〟でやっていけました。

しかし、このような中途半端な状態では、これから起こるであろう〝減〟の時代ではもう通用しないのです。

ホールフーズやウェグマンズやパブリックスは、オーガニックや自然食品を扱っているから、デリカが強いから、社員満足が高いから生き残っているのではないのです。

この「独自化戦略」が明確になっているから生き残っているのです。

これをしっかりと理解しないと、間違った方向性に向かいます。

ちなみにあくまで「独自化」であって、「差別化」ではありません。

差別化レベルでは、お客さまには戦略が明確に伝わりませんし、差別化レベルではすぐ競合他社にモデリングされます。

「卓越化」のレベルまで持っていかねばならないのです。

この「卓越化戦略」で成功している企業の代表格がホールフーズマーケットです。

ホールフーズマーケットはなぜ成功したのか？

ホールフーズマーケットで特筆すべきは「自然食品」「オーガニック食品」の品揃え構成比が50％に達していることです。

「規模の経済」で圧倒するウォルマートに対し、いわゆるニッチ（すき間）である自然食品やオーガニック食品分野で〝クリティカルマス〟（ある一定の販売量を超えると急激に収益性が高まる、市場の認知度が高まるなどすること）を狙った品揃え戦略をとったわけです。いわゆる「範囲の経済」で優位性を持った。

さらに、ウォルマート最大の欠点であるデリカ部門で徹底した「ミールソリューション」を提案した。

チーズやワインなど、専門的知識の必要なカテゴリーはプロの販売員を育成し、青果部門では「地産地消（ローカリズム）」を取り入れるとともに、地域貢献など「サスティナビリティ（持続可能）」戦略で独自性を出した。

日本のように「繁盛店」の取り組みをそのままモデリングするという「二番手戦略（または漁夫の利戦略）」は一切しない。

常に〝ニューへの挑戦〟と〝独自化〟を意識した戦略提案を考えているから、ウォルマートと一線を画しているのです。

一方、経営面では、なんといっても「経営理念（ミッション）」がしっかりしていることが強みです（次頁**図表④**）。

これは、スーパーマーケットだけではなく、あらゆる業種で〝独自化〟を打ち出している企業の共通項でもあります。

皆さんの企業には社員全員が「うちの会社はこんな企業なんだよ！」と他人に自慢でき

図表④　ホールフーズマーケットの独自化戦略

"Whole Foods is All teams"
（組織の単位は店舗ではなくチーム）
ホールフーズの現場には、顧客のために正しいことを行う自由と、利益のために正しいことを行うインセンティブの両方が与えられている。
（ホールフーズマーケット会長兼CEO　ジョン・マッケイ）

①ミッション主導型企業=ホールフーズマーケット

ミッション
われわれは、売りたい商品について
選択できる限りの厳格な品質基準を持ち
持続可能な農業に貢献する

②ホールフーズマーケットの企業家精神

社員間競争と給与のインセンティブ

↓

スタッフへの権限委譲と自主性
チームワークの活用

例
地域マネージャー
- 店舗デザイン
- 商品の品揃え
- 社員の採用

← 権限委譲

a,新規採用者を正規採用するか否かを30日の試用期間後に投票で決める
b.メンバーのボーナスは4週間ごとのチーム生産性評価によって決まる
（よって、チームメンバーが新しい同僚の能力を評価する）
c、よって、メンバー(チーム)間で、自立して生産性に取り組む

るような「経営理念（ミッション）」がありますか？

経営理念を全員が理解し、その経営理念を売場や商品に具現化していく。

それを「改善・改革・進化」させ続けている限り、企業は存在し続けるということです。

さらに、ホールフーズマーケットのすごいところは「人間力」を最大限に活用しているところです。

とにかく現場責任者（地域マネージャーや店長）に権限を徹底的に委譲する。

そして「責任」追及と公平な「評価」をしてあげる。

例えば、新規採用者を正規雇用するかどうかは30日の試用期間後、各スタッフ全員の投票で決めるのです。

なぜか？ その〝スタッフチーム〟のボーナスが4週間ごとに「生産性評価」ということで決められてしまうからです。

ですから、一人の採用者を決めるにも真剣になりますよね。

また、全チームの生産性や採算性などボーナス査定の方法やその結果、ならびに全社員の給与をすべて公開し、社員の〝モチベーション〟を高めています。

さらに「教育投資」も忘れていません。

専門知識の習得はもちろんのこと、専門分野以外の知識も学んでもらう「水平学習」にも力を入れ、〝人間性・人間力〟強化に投資を惜しまないのです。

このように、いかに社員の〝モチベーション〟を上げるかに力を注いでいるのです。

特に、店舗を中心とした「現場サイド」の人間に対しては顕著です。

皆さんの企業は「現場力強化」とは言っているけれど、このような「権限委譲」→「責任の明確化」→「適正評価」というプロセスが確立されていますか？

人間は誰しも権限を与えられ、責任を明確にされ、適正に評価されれば自ら動きます。

「やってみせ、言って聞かせ、させてみせ、ほめてやらねば人は動かじ」（山本五十六）

これを忠実に実践しているのがホールフーズマーケットなのです。

アメリカの〝新常識〟をモデリングする

今、アメリカ国内のウォルマートで働いている人は約１５０万人。

ということはアメリカの就業人口が約１億５４００万人ですので、なんと１００人に１人がウォルマートで働いている計算になります。

もう、１つの〝企業〟というより、１つの〝国家レベル〟の企業なのです。

そんな企業が「規模の経済」でコストリーダーシップ戦略をとって食品ビジネスに参加

したわけですから〝伝統的スーパーマーケット〟は生き残れるはずがありませんでした。

幸いなことに今のところ日本には〝モンスター〟はいません。

ということは、ウォルマートが食品ビジネスに参入する前のアメリカの状態と似ているということでもある。「今が良いから…」ではなく、もしもこんな〝モンスター〟が現れ、急速に出店してきたらどうしますか？

準備を怠っていたら、「気づいたときは…」になってしまいます。

何度も申しますが、ホールフーズマーケットやウェグマンズ、パブリックスなどは〝独自化戦略〟を構築し、常にその独自化戦略を「改善・改革・進化」させてきました。

ウォルマートの「規模の経済」に立ち向かうために「範囲の経済」のカテゴリーで勝負を仕掛けた。または「人間力の最大活用」により、サービスや知識、そして商品力で勝負を仕掛けていった。

皆さんの企業も、こういう「独自化戦略」の構築をやっていかねばならないのです。

衰退したアメリカの〝伝統的スーパーマーケット〟のようになりたいですか？

「スーパーマーケットはこうあるべきだ！」という「あるべき論」ばかり主張していると、気がつけば「化石」になってしまいます。

小生はよくこう言います。「常識ある非常識」――。

常識を徹底的に深く理解すること。

そしてその後その〝常識〟を徹底的に〝否定〟して考えること。「本当にその常識でいいのか?」という疑問を持つことにより、新たな常識が生まれてくるのです。

「独自化」は決して「一朝一夕」には構築できません。何度も「失敗」するかもしれません。

しかし、もう今から「独自化」の構築に動いていかなければ、〝手遅れ〟になってしまうかもしれません。

「独自化戦略」。考えたことありますか?

アメリカと日本では文化が違います。習慣も違います。国民性も違います。

しかし「考え方」は万国共通です。ならば、スーパーマーケットの先進国アメリカに徹底的に学び、それを日本流にアレンジしていきましょうよ。

日本の〝パブリックス〟

日本の〝ホールフーズマーケット〟

日本の〝ウェグマンズ〟

日本の〝トレーダージョー〟

挑戦していきましょうよ。

第2章

日本のスーパーマーケットの現状から学ぶ

未来を予測する最も良い方法は、未来を創り出すことである

（英国物理学者　デニス・ガボール）

「不況」と「消費不況」を間違うな

小生は今の日本の状態を「消費不況」と言っています。

「不況」ではないと。

なぜ、そういうふうに位置づけているかというと…。

理由その1　日本国民の貯蓄率は上がっている

2008年度の国民所得は前年比7・1%減少していますが、家計の貯蓄率は3・3%と前年比1・0%も上昇しています。

そうです。「お金を使わなくなっている」のです。

だから、百貨店も総合スーパーもスーパーマーケットもコンビニも外食産業も軒並み売上げダウン状態になっているんです。

ちなみに、アメリカ人の貯蓄率は1・0%にも達していません。

本当にアメリカ人は貯金がないのです。

理由その2　生活者の「心理的影響」が購買力（消費力）の低下につながっている

次頁の**図表⑤**を見てください。2009年のチェーンストアの販売実績です。この表で

図表⑤　日本チェーンストア協会加盟店販売実績より

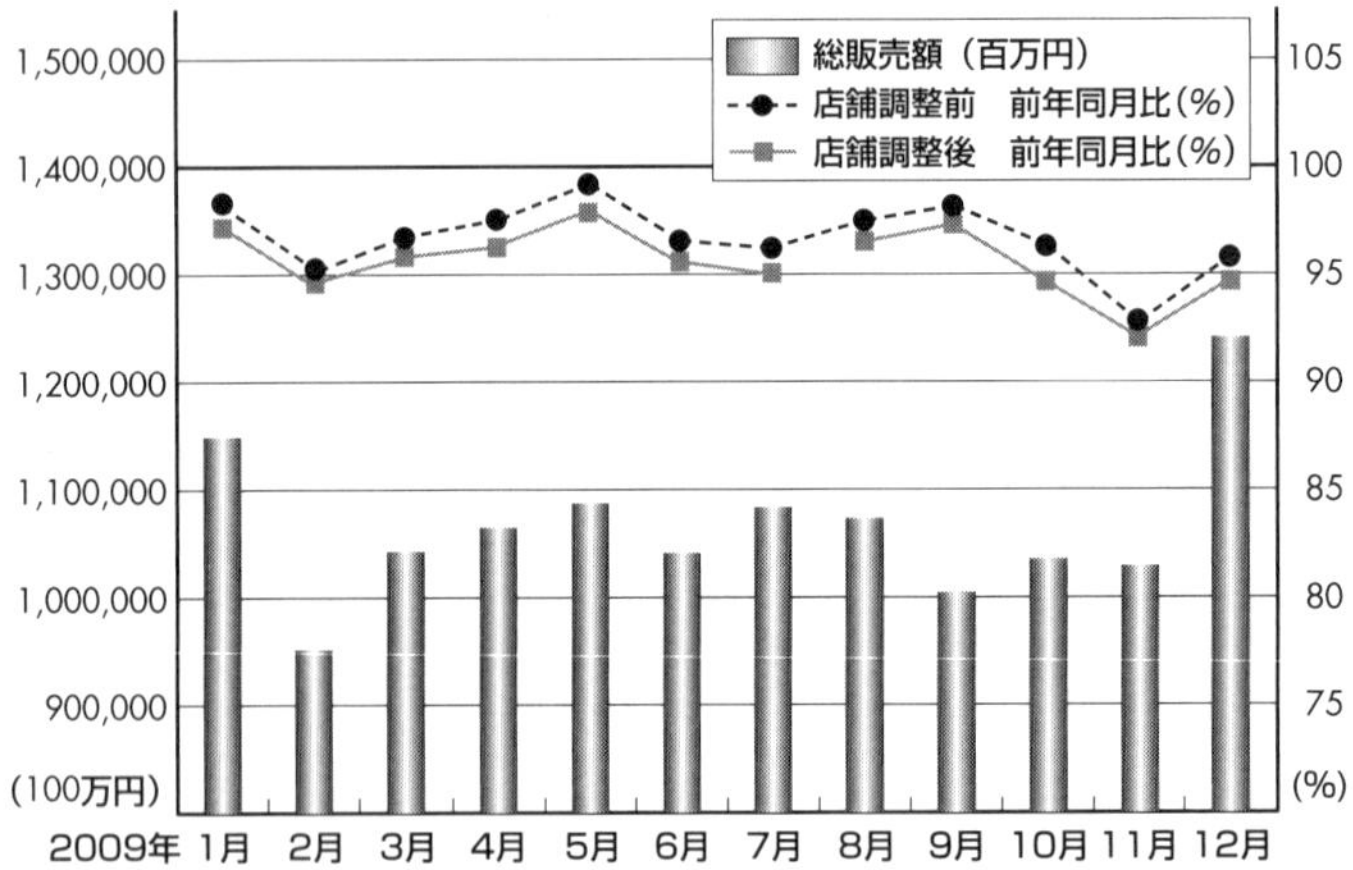

最も売上げダウンの大きい月はどこでしょうか？　11月ですよね。なぜか？

それはこの時期にこぞって、マスメディアが〝ボーナス大幅減〟をアナウンスしたからです。

いわゆる「マイナスイメージ」をアピールした〝逆アナウンス効果〟です。

「うちのお父さんのボーナスどうなるんだろうか」

「家のローンはボーナス払いで組んでいるし。心配だわ…」

という心理的不安が購買力や消費力の低下を招いたのです。

「余計なものは買わないようにしよう」

「余分に買わないようにしよう」

「できるだけ安く買おう」

という心理になってしまうわけです。

理由その3　国民所得の落ち込みは少ない

次頁図表⑥を見てください。「百年に一度の大不況」が起きたアメリカと日本の国民所得の推移をグラフ化したものです。

アメリカはすごい落ち込みです。前年比約30％ダウン。

それに比べて日本は減少してはいますが、前年比マイナス7・1％です。

でも、その中で貯蓄率が上昇しているということは、「お金を使わなくなっている」ことの表れ。

皆さん、これでおわかりですよね。今回の「百年に一度の不況」といわれる日本の状況は「不況」ではなく「消費不況」の色合いが強いということです。

ですから、「不況＝ディスカウント」という図式がそのまま通用することはあり得ないということ。

しかし、皆さんはこう反論したいですよね。

「でも食品のディスカウントストアは絶好調じゃないか！」

それは「昨年対比」のトリックなのです。

2008年は「中国ギョーザ」事件などで「安全・安心・信用」がクローズアップされ、

図表⑥　日米国民所得の推移

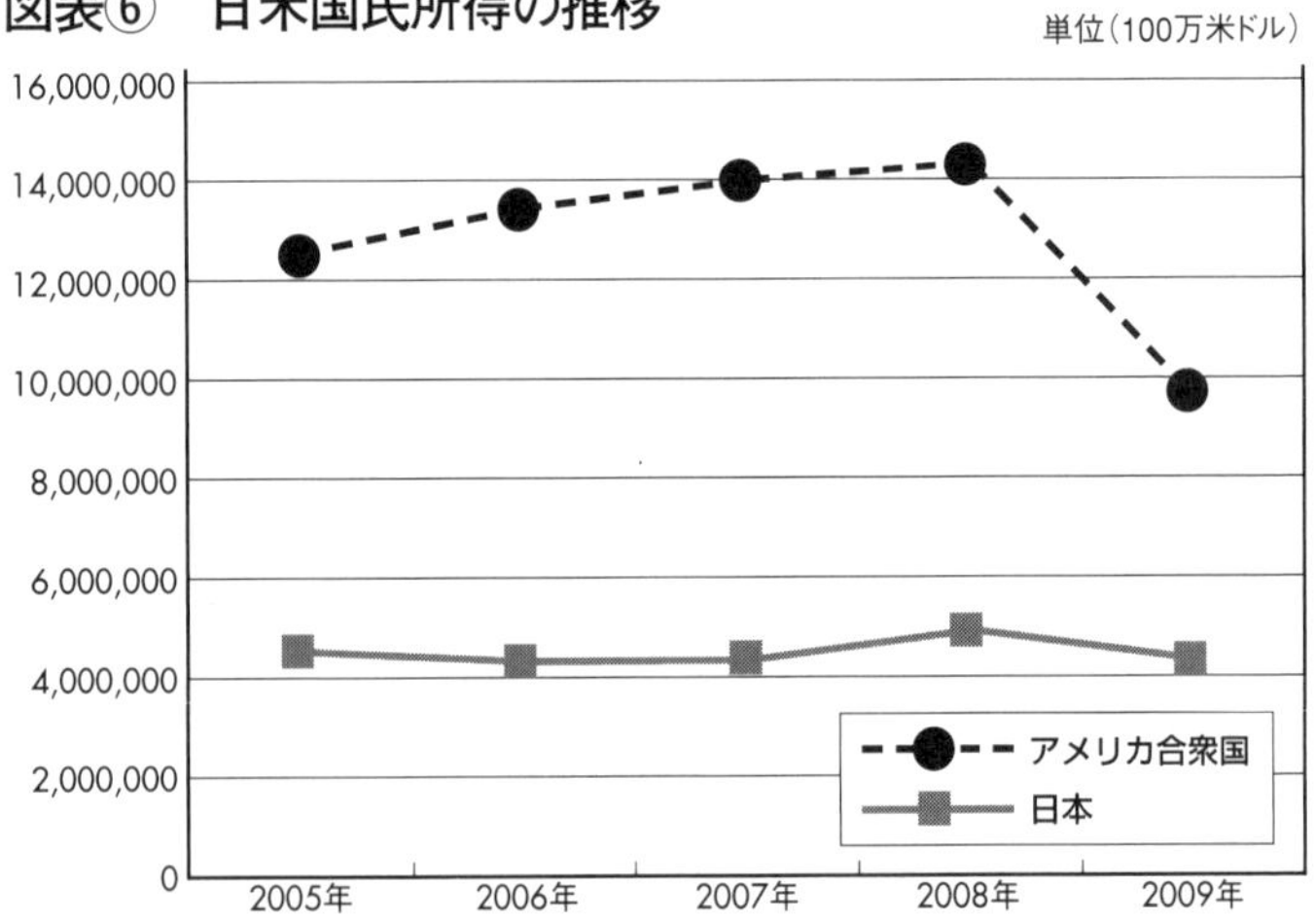

食品のディスカウントストアは大苦戦を強いられました。

その数字が分母ですから、好調に見えるのです。だから「安易な安売り」に走ってはいけない。

「企業体質の脆弱化」につながります。

もちろん、「安く売るな」ということではないのです。

確かに、今は「安さ」がキーワードであり、肝です。これは間違いない。

しかし、「価格競争に参入してはいけない」のです。

「価格競争は参画すべき」なのです。

〝参画〟とは同質的価格競争をしながら、異質部分または競合企業が売り込んでいない商品を売り込むということです。

「そんな安さがあるわけないだろう！」と思われますよね。

「ある！」のです。そのことについては、第3章以降でお話しします。

まず、ここで皆さんに理解してもらいたいことは、「不況」と「消費不況」の違いです。

そして、今の日本は「消費不況」状態なんだということです。

この認識の「違い」だけで、今後の戦略が大きく変わってきます。

「デフレ」と「デフレスパイラル」は違う

デフレとは何か?

広辞苑で引くとこう書いてあります。

「一般的物価水準が継続的に下落し続ける現象。通貨の収縮、金融の梗塞（こうそく）、生産の縮小、失業の増加などが生じる」

簡単に言うと「物価が安くなる」ことです。で、今の日本は「デフレ」状態ですか?

実は違うのです。今の日本は「デフレスパイラル」状態なのです。

では、「デフレスパイラル」とはどういうことでしょう。

それは、物価安と不景気（不況）が一緒にやってきた状態」をいうのです。

すなわち、「デフレスパイラル＝物価安（デフレ）×不景気（不況）」です。

では、デフレとデフレスパイラルでは何が違うのか。

デフレは簡単に言うと、

「モノの値段が下がってモノが売れてくる」状態のことをいいます。

しかし、「デフレスパイラル状態」とは、「モノの値段が下がって、モノが売れなくなる」状態のことをいいます。

これって「おかしな現象」ですよね。

普通、常識的に考えれば「モノの値段が下がればモノは売れてくる」ものです。

しかし、今はこの〝常識〟が通用しないから深刻な「消費不況」につながってきているのです。

でも、この「デフレスパイラル」状態は悪いことばかりではありません。

実はこの「デフレスパイラル」状態をしっかりと理解すると〝仕入れ改革〟ができるのです。もっと言うと、仕入れの〝パラダイムシフト〟が現実化してくるのです。

「モノが安くなってもモノが売れない」ということは、市場原理から言ったら、需要と供給のバランスが崩れているということ。

バランスが崩れれば必ず「モノが停滞」するのです。

その停滞した「宝の山」を探すのがバイヤーの役目。

「仕入れ」においてはビッグチャンスなのです。

また、百貨店の「売上不振」やギフトの「売上不振」からわかるように、高額商品が全く売れない。

ということは、高額商品ほど安くなる可能性が高いということ。

こういうことに気づいている企業が、この「デフレスパイラル」状態の中で、単価アップと売上げアップの両方を実現している。

「デフレスパイラル」状態は、考え方によっては単価ダウンという底なし沼に入ることにもなるし、逆に高収益、高売上高を実現できるビッグチャンスでもあるのです。

「消費者時代」から「生活者時代」へ

スーパーマーケットという業態が日本で本格的に始動しはじめて約50年。

その間、「生活者の価値」は大きく変化してきています。特に約20年前のバブル崩壊以降の変化はかなり大きい。どのように変化したのか?

①「高度成長期」から「低成長過剰時代」へ

高度成長期は、いわゆる〝売る場所〟に価値がありました。

よって、チェーンストア理論のシステム構築を図りながら「店舗」を出店すれば売れていた。

しかし、高度成長期も終わり、少子高齢化や人口減少が今後進む日本においては、この「売る場所に価値がある」戦略は意味をなさなくなるのです。

〝売る場所〟の争奪戦に勝利した企業がどんどん勢力を拡大していった。

これからは「低成長過剰」時代。いわゆる「減の時代」。「オーバーストア」状態。

「消費力が減退」する中、売上高を伸ばすには「需要や価値を新しく創造する」ことに価値が出てくるのです。

「減の時代」にはいわゆる「マーケット拡大」戦略から「シェア拡大」戦略へシフトしていかねばならない。また、生活者（消費者）も「安さ一辺倒」のニーズから新しい「価値」や「需要」提案を望み始めています。

いわゆる、「モノの豊さ」の欲求から「心の豊かさ」の欲求へと変化していく。

それをしっかり理解しないと、とんでもない方向へ向かってしまうのです。

②「消費時代」から「節約時代」へ

高度成長期は「消費が美徳」の時代。

よって、「消費が消費を呼ぶ」時代だったから、「安さ」に価値があった。

しかし、今は「消費不況」の時代。「減の時代」。

そして、その消費不況が終わっても、将来の生活の不安などもあり「節約志向」に傾くことが十分予想されます。

よって、「どんなに安くても必要でないものは買わない」という購買心理が働いてくる。

そのため、今後は「モノ消費」から「コト消費」の時代へ大きく変化してきます。

「モノの価値」よりも「コトの価値」で購入されることが多くなってくるのです。

「節約時代＝コト消費」をしっかりと理解していかなければならない時代になったのです。

③「消費者」時代から「生活者」時代へ

低成長過剰期に入り、なおかつ人口減や少子高齢化時代（減の時代）になってくると、「消費は美徳」でなくなってきます。


「買物」自体に価値を求めてくるのです。

「ごみ削減運動に参加しているので、余計なものは買わない」

「スローフードを心掛けているのよ」

「**未来のある子供たちのために、添加物や人工着色料の入っていない商品を買うの**」

というような買物行動をしてくる。

よって、今まで言われてきた「消費者」という言葉が当てはまらなくなるのです。

これからは「**生活者**」**の時代**です。生活自体を価値あるものにする。

その一環として「買物」があるというような考え方に変わってくるのです。

今や、買い手が安さの「基準」を持っている

今の生活者は、「自分にとって価値ある商品をいかに安く買うか」を考えています。

「**自分が主役**」**の時代**になってきています。

今まで、世の中の流行やトレンドに流されていた時代が長く続いていました。

いわゆる「流行が主役」の時代でした。

だから、売る側は「流行やトレンド」を追いかけていれば売れていたのです。

しかし、今は「自分にとって価値ある商品とは何か?」の欲求になってきました。

「自分にとって価値ある商品」が、自分の納得する価格であれば買う、という購買スタイルに変わりつつあります。

「流行が主役」から「自分が主役」になるとどうなるか?

「安さの基準」は買い手になります。

「流行が基準」のときは、売り手が「安さの基準」を持っていました。

「こんなに安く売っていますよ!」

「こんなに値入れを抑えて安くしていますよ!」

と言っても、安さの「基準」を持っているのはお客さまなので、お客さまが〝安く感じない〟と安くないのです。

ということは、これからは「お客さまにとって、この商品を購入されると、こんなに満足いただける食生活を実現できますよ」という〝提案〟がなければならないということです。

「これは今、とても売れています」という従来型の〝提案〟では支持されないのです。

そして「これはこんなに安いんですよ」という〝絶対的安さ〟でのアピールから、「この商品は従来のこの商品と比べて、こんなに満足いただけるのに、1食当たりだとほとんどお値段は変わらないのです」という〝相対的安さ〟のアピールに変わってきているのです。

この「自分が主役」の時代が来ているということを理解するだけで、これからのマーチヤンダイジングや提案・販促が大きく変わってきます。

もう1つ…。

今の生活者は、「持たない・買わないなどモノに対する欲求に興味を持たなくなっている」。

この現象が顕著に現れた企画がありました。それが「下取りセール」。

もう着なくなった衣類を下取りし、そこで換金して新品の衣類を買ってくださいという企画。

大ヒットしましたよね。これが、今の消費の特徴なのです。

衣料に限らず、家具や電化製品に至るまで、家には所狭しといろんなモノがあふれ返っています。ですから「わが社が片付けてあげますよ」という企画は、生活者の〝心の琴線〟に触れたのですね。だから、大ヒットした。

でも「食べ物はそういうワケにはいかないよ」と反論される方もいるかもしれません。

しかし、皆さんの自宅の冷蔵庫や台所の引き出しを見てください。

冷凍庫には、「冷食半額セール」で買ったけれど、家族に人気がなくずっと眠っている商品。

台所の戸棚には、日替わり目玉で「まあ、腐らないから買っておくか」とつい家にあるのに買ってしまい、何年も、何個も在庫として眠っている商品。

だから、グロサリーや冷凍食品の目玉商品の集客効果がなくなってきているのです。

もったいないから「無駄なものは買わない」

2008年に日本小売業協会と女性マーケティング会社である(株)ハー・ストーリィが共同で調査した結果によると、「環境・エコにかなり関心がある、まあまあ関心がある」人は全体の73・5%

「普通に関心がある」も入れると99%に達する。

全く関心がないと答えた人はたったの1%。

そして、自ら積極的に「環境・エコ」の情報を取りに行くまでには至らなくても、約28%の人が「目に止まれば必ず環境に関する記事や情報を入手する」と答え、約60%の人が「他の活動と同じ程度に環境に関する情報を入手している」と答えています。

ということはどういうことかわかりますか?

家でできる「環境貢献」「社会的責任」は、決してエコバッグを使うことだけではないのですよ。

それよりも「もったいない」「捨てない」「無駄にしない」「無駄なものは買わない」ということを心掛けている。

これからますます「環境貢献」や「社会的責任」などの意識は高まってきます。

それは、皆さん自身においてもそうですよね。

なのに、まだこの業界は「大量消費時代のころの〝亡霊〟」に取り憑《つ》かれている。

だから小生はずっと「モノ消費」から「コト消費」の時代なんだ、「価値の見える化」をしなければいけないんだと言い続けているのです。

過去、不況になると、必ず経営トップの方から「顧客満足」という言葉が出てきました。

でも、これからの生活者（消費者）は、この「顧客満足」レベルの提案ではもう〝満足〟しなくなってきているのです。

例えば、「１００円ショップ」になぜ買物に行くのでしょうか?

「１００円でいろんなものが買えるから行くの」と今までは思われていました。

しかし、今は「１００円ショップに品質も良く、友達に自慢したくなるような〝お宝〟を探しに行く」時代なのです。

それを「顧客感動」と小生は言っています。

これからの消費の活性化はこの「顧客感動」をいかにお客さまに提供できるかで決まる。

「この前、オーストラリア産のアップルマンゴー買ってみたの。

国産のアップルマンゴーの約10分の１の値段って書いてあったし…。

これがね、ものすごくおいしかったの。

うちの子供なんかあっという間に食べちゃってさ。〝ママまた買ってきてね！〟と言われたもんだから、近ごろはマンゴーにはまってるの」

という会話がこれからの主流になる。

かつてのお母さんの料理は、家族も多かったから、量を作らなければいけなかった。

しかし、これからは小家族。量を作らなくてよい。ましてや「飽食」の時代。

だから、お母さんの料理の目的が「食べてくれた家族の幸せな顔、喜んでくれる言葉、感謝の言葉」になってきているのです。

コストコが日本で成功している理由

でも、この「顧客感動」現象は、実はもう既に顕在化されてきているんです。

例えば、「トマト」。

なんで、１個１５０円も２００円もする小さいトマトが売れるんですか？

それは「おいしいトマト」が欲しいからですか？　小生は違うと思っています。

「うちの子供はなかなか野菜を食べてくれないの。だから、ちょっと奮発してこのフルーツトマトを買ったのよ。

そしたら〝おいしい！おいしい！〟って笑顔で全部食べてくれたの。

お値段は高いけれど、いつもトマトを買うときはこの店まで買いに来るの！」

という「顧客感動」で売れているのです。

この「顧客感動」がどんどん広がる店は圧倒的〝繁盛店〟になれます。

しかも、「顧客感動」提案の場合、「口コミ」で広がっていく可能性が極めて高い。

だって「顧客感動」商品って〝お友達に自慢したくなります〟もんね。

「顧客感動商品」――皆さんの企業にはどれだけ品揃えされていますか？

どれだけ、「見える化」されていますか？

一度「顧客感動商品」という切り口で自分たちが扱っている商品を見てみてください。

すると意外とあるのだけど「見える化」できていなかったり、または全くそういう商品がなかったり…。そこに繁盛のヒントが隠されていたりするのです。

実は、既に日本で「顧客感動」を具現化している企業があります。

「コストコ」です。コストコは、「会員制ホールセールクラブ」ですから、最初に店に入るには「入会金」を払わなければならない。

個人会員なら「4200円（税込み）」も…。

でも、この入会金を払ってでも入会したいというお客さまが続出していますよね。

週末ともなればものすごいお客さまです。なぜ…？　安いから？

もちろんそれもあります。だって「感動するくらい安い」商品がありますもん。

でも「ホールセールクラブ」ですから、一つ一つの量がとんでもなく多い。

1999年に1号店が九州福岡に出たとき、この業界関係者はこぞってこう言いました。

「日本人はこんなに量は必要ない。こんな量目の商品は売れない」と。

でも、どうでしょう。今は、圧倒的に支持されています。

ちなみに小生の家族もコストコの大ファンです。たった3人家族。正直、あの量は要りません。でも、どんどん買います。

どうするか？　お友達と分けるんです。いわゆる「シェア」するのです。だから、量が多くてもいいんです。

それにコストコは「宝物」が多い。

「えっ!?こんなものがある。う〜こんなに安い。信じられない！」

といった「感動」の言葉が店内のあちこちから聞こえてきます。

これが「顧客感動」なのです。

業界の専門の方々は「エブリデー・ロープライス（ＥＤＬＰ）が支持されている」「ローコストオペレーションが素晴らしい」とコストコを評します。

でも、生活者は「安いだけでコストコを支持しているのではないのよ！」って言っているのです。

「驚きや感動がこの店にあるから、支持しているのよ」って。

なぜ「ユニクロ」は一人勝ちしているのか

この「消費不況」の真っただ中、食品業界よりも大苦戦しているのが、衣料品業界です。

しかし、この衣料品業界で〝一人勝ち〟しているのが「ユニクロ（会社名・ファーストリテイリング）」です。

小生は〝「ユニクロの戦略」にこの消費不況対策のヒントあり〟と思い、２００８年ぐらいからマークしてきました。

よく「ユニクロはＳＰＡ（製造小売業）だから、安くて品質の良い商品を安定供給しているから売れるのだ！」とコンサルタントやジャーナリストの方々は言います。

でも「ほんと？」と小生は思っている一人。ここからは小生の持論です。

でも、この持論をクライアント企業に導入してから、「消費不況」対策の手応えがヒシヒシと感じられるようになったので、まんざら外れてはいないと思います。

いや、間違いないと確信しています。

「商人伝道師」が見つけた「ユニクロ〝一人勝ち〟の4つの秘密」。それは…。

①強いリーダーシップ

小生は思うんです。ユニクロは「失敗を恐れない」企業ですよね。

これってものすごく大切なことだと思うのです。

「リスクなきところに成功なし」とは言いますが、製造小売業としてユニクロは商品開発においてもどんどんリスクをとりますよね。

でも、良いことはわかっていても他の衣料品小売業はやろうとしない。なぜですか…？

「リスクが大きい」からです。

ユニクロの〝失敗してもいいから〟、あくなき「サムシングニュー」へ挑戦するという〝社風〟が一人勝ちにつながったのだと思うのです。

でも、日本のスーパーマーケットは、メガヒットする可能性のある商品があるにもかかわらず、「リスク」をとりたくないから原価（コスト）高になっていたり、在庫を持ちたくないから発注が弱かったりして売り抜けない。

「リスクなきところに成功なし」です。

これって消費不況下の〝一人勝ち〟の肝だと小生は思っています。

②「高品質低価格」戦略

「ユニクロは安い！」という方がいます。でも本当に安いのでしょうか？

あの大ヒットした「ヒートテック」。これって下着ですよね。〝スーパーマーケット流〟でいったら、下着の「安さ」ってどれくらいの値頃だと感じますか？

小生は「3枚1000円」が「値頃」だと思います。

でもヒートテックは、安くて1枚780円、高いものだと1990円もします。

これって安いですか？　高いですよね。

でも、なぜ大ヒットしたのでしょう？

ヒートテックという名のババシャツ

それは明らかに「違いの見える化」ができたからだと思います。

「高品質」「高機能」「高ファッション」を見える化したのです。

〝暖かさ〟、〝肌になじむ保湿性〟、〝吸水速乾性〟、〝フィット性〟の4つの高品質、高機能をお客さまに見える化したのです。

いわゆる「機能性インナー」というカテゴリーを新たに作ってしまった。

この女性用のヒートテック。言ってみれば「ババシャツ」ですよ。

「ババシャツ」に世の女性の方々は1着1000円以上もお金を払ったんです。しかも何着もまとめ買いされる。それは「おしゃれ感」があるから。またはキャミソールやカットソーと合わせ着できるバリエーションが無限だから。

よって「1000円台でも安い」と感じた。

「ババシャツ」は〝3枚1000円〟でも高いと感じている人たちがですよ。

これを「高品質低価格」戦略と小生は言っています。

では、スーパーマーケットに目を向けるとどうでしょう。

この「高品質低価格」戦略を実践している企業はほとんどない。

とにかく「プライベートブランド（PB）」ブームに乗って、今までのナショナルブランド（NB）よりもっと安くという商品開発や提案ばかりしているわけです。

だから、1品単価を落とし、売上げ大不振に陥っているわけです。

しかし、一部の企業がこの「高品質、高機能かつ低価格」戦略に気づき、〝大ヒット〟

商品を次から次へと繰り出しているという現実があります。

だから、このユニクロの「高品質低価格」戦略って、十分スーパーマーケット業界にも通用するのです。

③独自性のある「プロモーション」戦略

もともと柳井会長兼社長はチラシづくりが大好きだそうです。

その〝ＤＮＡ〟が根強く染み付いているのでしょう。すごく独自性のある「プロモーション」展開をする。

こういう「消費不況」下では、この独自性のあるプロモーションが１００％支持されることを実証してくれた。

例えば、有名になった、

「創業60周年祭。オープン午前6時」

「1号店のときのオープン時と同様、並んでいるお客さまに牛乳とあんパンをプレゼント」

「10億円還元セール」

などは、まさしく独自性のあるプロモーションです。

だってそうでしょ。衣料品業界のプロモーションって、「冬物半額セール」「夏物処分セール」とかいうセールが〝主流〟でしょ。ちょっと「異色」のプロモーションですよ。

そして小生は気づきました。実はこのような独自性のあるプロモーションのときほど、チラシ掲載商品は「高単価商品」を中心に掲載しているんです。

アイテムを絞り込むからリスクがとれる

〝独自性〟のある、または〝サプライズ〟のあるプロモーションでインパクトを与えて集客し、単価アップできるように仕掛ける。

これがユニクロの強さだと小生は思います。

それに引き換え「消費不況」下でもスーパーマーケット業界のチラシは…。

「〜品目値下げしました」「目玉商品の低価格化」「少量商品（パック）中心の品揃え」など、チラシもインプロも商品化も、どんどん低価格化へ持っていこうとしている。

「不況である」という考え方から…。

ここらあたりが〝一人勝ち〟している「ユニクロ」との違いだと思います。

④「商品の絞り込み＝単品量販」戦略

「ユニクロ」のすごいところの一つ。それは…。〝アイテムの絞り込み〟。

アイテムを絞り込んでいるから、リスクをとれる製造ができる。大胆な発注ができる。ロスも少ない。

そして、商品選定も実にうまい。

「コーディネート」思考が強い「自分が主役」の女性の心理にあった商品選定。

こういう商品戦略が「H&M」や「フォーエバー21」などの〝ファストファッション〟的外資と「共存共栄」できると言える理由だと思うし、「世界一のアパレル製造小売業になる」と豪語する自信だと思うのです。

「コーディネート」できるから。「アンダーウエア」主体だから。

老若男女問わず支持されるのです。

だって、小生のファミリーもそうです。近くに住んでいる70歳を超える父も、まだ3歳の子供も、そして妻も、もちろん小生も。みんな「ユニクロ」を着ている。

でも「着てるとは誰もわからない！」というところがすごい。いくら「H&M」がすごいと言ったって、70歳を超える父や小学生以下の子供には支持されませんもんね。

「アイテム」を絞り込み、「コーディネート」できる商品を中心に開発し「ターゲット」を広げる――すごい戦略です。

これをスーパーマーケットに応用できないものでしょうか。

食品業界における「コーディネート」とは、「いろんな食べ方がありますよ」「いろんな用途がありますよ」という〝多用途・多機能〟商品――。それを選定し〝単品量販〟を仕掛けること。

これって「コーディネート」商品ですよね。

また、子供からお年寄りまでに支持される商品や料理メニューを提案していく。

いわゆる「ターゲット」の幅広い料理メニューや商品を売り込むのです。

こういう切り口でバイヤーは商品開発したり、選定したりしてみる。

また、店舗側はそれをコト販売などで「見える化」し、そしてリスクをとって思い切り発注し「単品量販」を仕掛ける。

すると、ものすごい〝メガヒット〟商品になる。

このようにユニクロの〝一人勝ち〟戦略を深く掘り下げてみると、この戦略はスーパーマーケット業界でも十分通用することがわかります。

これに気づいた者が「一人勝ち」するのです。

「不況になると、例えば売れる企業が1、2社で、そのほかは全然売れなくなると思います。

好況だとほとんど全部売れていてもね。

ですから、不況こそがチャンスだと僕は思います。

差がつきやすいと思いますし、売れない時代に売るということが僕は大事だと思う」

（柳井正会長兼社長）

ユニクロには、「考え方一つなんだよなあ」と気づかされます。

第3章

〝減の時代〟だからこそ、パラダイムシフト

凧が一番高く上がるのは、風に向かっている時である。
風に流されている時ではない。

（ウィンストン・チャーチル）

「理念」「ビジョン」の大切さ

「日本の戦後商業」の発展に寄与した商業界の創始者・倉本長治先生が唱えた「商売十訓」（次頁**図表⑦**）。

「今さら何を言っているのだ？」と思われるかもしれませんが、こういうパラダイムシフトの時代だからこそ、この言葉一つ一つを考える時が来たのではないかと思うのです。

というのも、「成長期」の企業の共通項は、企業理念や社是などを経営者や経営幹部が事あるごとに全社員に訴え、そしてすべての社員が理解しようと努めたのです。

それが、「心のきずな」となった。

しかし、「成熟期」や「衰退期」の企業の共通項は、企業理念や社是を全社員が理解することなく、その重要性を忘れ、売上高や利益のためだけにビジネスを遂行しようとする。

これでは、V字回復の道はありません。

〝減の時代〟という先行き不透明な時代に突入する時だからこそ「原点回帰」で企業理念や社是を全社員が共有化しなければいけないと思うのです。

図表⑦　商売十訓

商売十訓

一、損得より先きに善悪を考えよう
二、創意を尊びつつ良い事は真似ろ
三、お客に有利な商いを毎日続けよ
四、愛と真実で適正利潤を確保せよ
五、欠損は社会の為にも不善と悟れ
六、お互いに知恵と力を合せて働け
七、店の発展を社会の幸福と信ぜよ
八、公正で公平な社会的活動を行え
九、文化のために経営を合理化せよ
十、正しく生きる商人に誇りを持て

会社には「**変えてもいいもの**」と「**変えてはいけないもの**」があります。

「経営（企業）理念」や「社是」。これは企業としての「心」の部分。絶対に変えてはいけない。

そして「変えてもいい」もの。それは「経営（企業）方針」です。企業成長のための「戦術、方法」「舵とり」の部分だから変えていい。

しかし、皆さんの会社でどれだけの人が、あなたの会社の「経営（企業）理念」や「社是」を正確に理解されているでしょうか？

会社の経営者と〝同じトーン〟で〝同じ言葉〟で、店長やバイヤーは部下に話すことができるでしょうか？

成長期の企業は、バイヤーや店員が経営者と同じ言葉で、同じトーンで部下に〝情熱〟を持って話すことができました。

こういう先行き不透明な時だからこそ、「経営（企業）理念」や「社是」を全社員に浸透させ、それを売場や商品に具現化することが大切になってきたのです。

小生は「心のあり方」って大切だと思っています。

「心の支え」って大切だと思っています。

それがひいては会社への「**忠誠心**」につながり、社員一人一人がのその会社に勤めているという「**誇り**」を持つようになるからです。

皆さんは、「経営（企業）理念」「社是」の〝真意〟を本当に理解していますか？

そして、それを業務において実現しようとしていますか？

「情報・知識・現場」から「決断」する

情報がありすぎて「判断」「決断」できない時代。

情報時代以前は、少ない〝情報〟を基に〝知識〟を植え付け、長い時間とお金をかけて〝現場〟を直接見に行って「判断」「決断」していました。

だから、かなりの高い確率で成功しました。

しかし、今は「情報」だけに頼りきっている節があります。

情報は発信者の〝考え方〟や〝私見〟が挟まれているので、すべて正確とは限らない。

あくまで「参考」レベルにしておかなければならない。

ところが、怖いことに近ごろはこの「情報」だけで経営判断や方向性を決断される企業が多い。

今回の消費不況の対策にしても、

「100年に一度の不況だ！　安くしなければいけない。ディスカウントの時代だ！」

「あのセブン&アイさんでもディスカウント業態も志向した。当社もディスカウント路線に方向転換せねば！」

「ディスカウントするには、LCO（ローコストオペレーション）が大切！　やっぱりチェーンストア理論だ！」

というようにです。その結果は…。

実は、過去、今のような「パラダイムシフト」の時代に成功した人がどんな考え方や行動を取ったのかを調べてみたのです。

やっぱり共通項がありました。それは…。

「情報×知識×現場」

この3つの〝観点〟から判断し行動を起こしているということです。

一番わかりやすい例を挙げましょう。

昭和30年代の若き商業経営者たちは、「アメリカにセルフサービスやスーパーマーケットという業態があるらしい」（＝情報）と聞かされる。

そしてそれはどんなものなのかと徹底的に自ら勉強した（＝知識）。

しかし、それでもわからないから、当時としては莫大な費用と時間をかけてアメリカに渡った（＝現場）。

その上で〝決断〟し〝実行〟したのです。

経営者だけではなく、店舗運営部長や商品部長という営業トップの方々からバイヤーや店長といった第一線の方々まで…。

しかし、今はすぐに情報が入手できる時代。

よって「情報×知識×現場（ウオッチング）」の3つの観点から〝決断〟することが少なくなった。

「情報」だけに頼って知識を得る努力をしなくなりました。現場まで足を運ぶことをしなくなりました。

拙著「スーパーマーケットの新常識」でも書きましたが、小生が尊敬する京セラの名誉会長稲盛和夫さんがいつも言われていること。

「成功＝考え方×情熱×能力」

熱意や能力は1～100までの違いがある。しかし、考え方はマイナス100～プラス100までの違いがある。

よって、「考え方」を間違えると「能力」や「情熱のある社員」が多い企業ほどその〝傷口〟が広がる。

だからこそ、「情報×知識×現場」の3つの視点から〝考え方〟や〝戦略〟を決定していかねばならないのです。

本部の変革＝「3つの変革」を急げ！

本書の冒頭でも述べたように、〝減の時代〟における日本にはいろんな「格差」が出てきます。

「年齢格差」「所得格差」「地域格差」「社員格差」…。

その中でスーパーマーケットも「画一的」な店舗運営から「個店主義」の店舗運営へ転

換していかなければならないことは皆さんある程度理解されていると思います。

しかし、どのようにして「個店主義」に転換しているかとなると…。

1. 店長の仕事の領域を拡大する
2. 担当者に仕入れと販売の権限を与える
3. パートナー社員の戦力化を唱える

などを実施することが「個店主義」だと考えている企業が多い。

これは大きな間違いです。

店長の仕事の領域を拡大することが「個店主義」の方法ではありません。

むしろ、これをやってしまうと店長のすべての業務が中途半端になり、店は機能しなくなるのです。

今まで適切な「教育」をしていない担当者に、いきなり「権限」を与えてしまうと、品揃えや品質などの「基準」が保たれなくなり、商品政策が大混乱してしまう。

また、「パートナー社員の戦力化」を唱えて、いろんなアクションを行おうとしても〝評価基準〟などの改正をしない限り効果は出ません。

しかし、いわゆる「店舗への責任のなすりつけ」が一番、リスクを伴わず簡単に導入できるので、ほとんどの企業がこの方向性で進んでいってしまっている。危険なことです。

「店舗主導型」にシフトするのであれば、まず、**「本部」の変革**をやっていかなければならないと小生は考えます。

そこで、今回は「チェーンシステムにおける個店主義」を実現するための「3つの提案」をさせていただきます。

それは、**「人事の変革」「物流システムの変革」「評価基準の変革」**です。

まず、**「人事の変革」**ですが、「組織」の変革ではないので勘違いされないように。

というのも、先ほど述べたように「個店主義」の方針に転換するということは「店長の仕事のプライオリティ（優先度）」が変わるということです。

今までのチェーンストア理論における店長のプライオリティは〝マネジメント〟でした。

いわゆる「管理優先主義」。そのため、「管理力」の優れた人財が店長になった。

しかし「個店主義」へ方向転換するということは、店長の仕事のプライオリティがマーケティングやコミュニケーション能力になってくるということ。

いわゆる「コミュニケーション&マーケティング優先主義」ということです。

そうしなければ「個店主義」は機能しません。

よって店長の人事考課も変えていかなければならない。

「管理力」は優れているが、「コミュニケーション能力」や「マーケティング能力」は欠けているという人財に〝個店主義〟の店舗運営を任せてはいけない。

ということは、店長の人選自体を見直していかねばならないということです。

人事部長は営業会議に参加されていますか?

小生はいつも思うことがあります。

なぜ、人事部長は営業会議に出席しないのでしょうか?

人事は営業方針などを一番理解し、それに適した人財を登用するというのが仕事ではないでしょうか。

これは「バイヤー」の人事考課にしても同じです。

今まで本部主導型の仕組みで仕入体制を築き上げてきたわけです。

それに慣れてしまったバイヤーは「個店主義」にはなかなか対応し切れないのが現状(もちろん対応できる優秀なバイヤーもたくさんいますが)。

「本部主導型」から「個店主義」への変更って簡単に言いますが、これこそ商品部としては大きな「パラダイムシフト」なのです。

180度政策を変更するようなものです。ですから対応できないバイヤーもいる。また「バイヤーの仕事」自体、「商品部のシステム」自体が大きく変わってくるはずですから、「人事」自体から変えていく必要があると思うのです。

「チェーンシステムにおける個店主義」の一番の〝肝〟は実は「人事の変革」が絶対条件ということなのです。

次に、「**物流システムの変革**」についてお話ししましょう。

実は、「チェーンシステムにおける個店主義」を実施するにおいて一番のネックが「在庫」なんです。

皆さんの企業の「物流システム」は店舗における〝バックヤード在庫ゼロ〟を実現できる物流システムになっているでしょうか。

店舗における「バックヤード在庫ゼロ」を目指す物流システムこそ「チェーンシステムにおける個店主義」の基本なのです。

特に生鮮3部門とデリカ部門においては、「バックヤード在庫ゼロ」の物流システムを構築しなければならない。

この4部門は「個店主義」に方針変更した瞬間、担当者間の能力の差によって〝店舗間格差〟がものすごく出てきます。

実はその「格差」は「在庫管理」にあるのです。

バックヤード在庫を持たせない物流システムさえ構築すれば、荒利益高やロス高での差異が出てこないし、店舗間や担当者間の格差を最小限に抑えることができます。

個店主義へのパラダイムシフトを行う上での絶対条件が、今までの「物流システムに合わせた店舗運営」ではなく「店舗運営に合わせた物流システム」への変更なのです。

いわゆる〝バックヤード在庫ゼロ〟を実現できる「物流システム」の再編。

物流システムを店舗運営に合わせることによってはじめて、「在庫削減」「収益改善」「店舗間格差の消滅」が図れるのです。

売上高と荒利益高の「評価基準」の変革

3つ目の「**評価基準の変革**」は2つの方向性で行うべきです。

1つが「マネジメント」評価基準の変革です。

今までの「マネジメント」における評価基準は大きく分けて3つありました。

1. 売上高

2. 荒利益高（率）

3. 生産性（人時生産性）

これから「チェーンシステムにおける個店主義」を実施するにあたっては、その評価の「観点」や「基準」を変えいていく必要があります。詳しく説明しましょう。

1. 売上高の評価基準

店舗立地や、店舗サイズ、ひいては競合状況によって、どうしても売上高の伸び率に「格差」が生じてしまいます。

そのため、〝本部で決められた基準〟だと戦意喪失する店舗も少なくありません。

また、競合店が出店してきて急激に予算割れしてしまい、これまた戦意喪失してしまう店舗も多い。

よって、「個店主義」を志向される場合には「ボトムアップ式予算」に転換すべきだと小生は考えます。

店長や担当者に売上高や数字に対する〝意識化〟を持たせる上においても、自分たちで「予算（目標）」立案させる。

しかしここで「格差」が生じます。

マーケティングやコミュニケーション能力の高い店長ほど「高い予算（目標）」を立てるのです。

半面、マネジメント能力の高い店長は現状分析し「達成可能な予算（目的）」を立ててきます。

よって、この段階で会社として「評価」しなければならない。

例えば「（自己）向上能力」という評価でしっかりと評価してあげる。

そうすることにより「失敗を恐れない」「挑戦しよう」という社風が生まれてくる。

「高い予算（目標）を提出したら損をする！」という社風にしてしまったら〝個店主義〟経営は成功しないのです。

そして「達成能力」の評価。

「高い目標を立て、必達する」。それをどれだけ会社が評価してあげるかです。

もちろんそれは「給与」という面だけではありません。

いや、むしろ「給与」以外の面での評価が大切だと思うんです。

人間が一番喜ぶこと。それは「認めてあげる」ことではないでしょうか。例えば…。

a.全社員の前で〝認めてあげる〟〝評価してあげる〟

b.経営者ならびに経営陣が自ら店に出向き〝認めてあげる〟〝感謝の意を伝える〟

c.給与以外の〝ご褒美〟をプレゼントする（海外視察など）。

などです。できれば「成果は部下、責任は店長」を具現化した「認め方」をしてもらえると効果100倍になります。

このような仕組みを「目標マネジメント」といいます。個店主義経営では不可欠なマネジメントです。

売り切る力を生む「荒利益高」評価基準主義

2. 荒利益高（率）の評価基準

とはいうものの〝減の時代〟、現実問題として売上げを伸ばすことが難しくなっています。

ですから、右肩上がりの状態での経営指標であった「荒利益率」を全面的に見直すときがきました。

これからは「荒利益高」主義に変換していかねばなりません。

「目標マネジメント」にすると、優秀な店長ほど売上げを追っかける。

すると、一時的に「荒利益率」が落ちる危険性があります。

だから、今までの「荒利率」評価だと、怖がって思い切ったことをしません。

そこで、「荒利益高」を評価にする。

「荒利益高」主義は、担当者（パートナー社員も含む）の意識を変えます。

「売れて儲かる商品」を徹底的に売り込もうとするし、「値入率が低くても量を売って」荒利益高を稼ごうとします。

よって売場が大きく変わります。売り込む商品が大きく変わります。ＰＯＰが大きく変わります。

実は個店主義の大きなメリットはここにあるのです。

全社員に「荒利益高」を徹底的に意識化してもらうことにより、「どの商品を売り込んだらいいか？」「この商品は何個以上売らないと荒利益高が確保できない」「値入率の高い商品を売り込むにはどうしたらよいか？」など「考える力」がつくのです。

その「考える力」が「店舗力」につながります。

「荒利益率」主義では残念ながら、「考える力」がつかないのです。

だってそうでしょ。「売れるだけ発注しよう。」この一点しかないわけですから…。

だから「本部主導型」の経営ではこの「荒利益率」主義でよかったわけです。

すべて本部の決めたようにすればよかったわけですから。

個店主義を志向されるのであれば「荒利益率」から「荒利益高」へ評価基準を変えるべきなのです。

すると、競合の厳しい店舗、競合店が出店した店舗は実力を発揮しやすくなります。

多少、荒利益率を落としても売上げを狙いにいけるからです。

これが個店主義の大きなメリットなのです。

給料は「有限」。しかし、給与は「無限」

3. 生産性（人事生産性）の評価基準

小生は近ごろ「生産性」について疑問に感じていることがあります。

それは、「なぜ生産性を高めなければいけないか？」、その目的を社員が理解していないのではないかということです。

ですから、「生産性向上＝現場イジメ」としかとらえていない社員が実に多い。

だから生産性は一向に向上しない。

もしも「生産性の向上が皆さんの幸せ向上につながるのです」という目的をみんなが理解したらどうなるでしょうか。

みんな真剣になって生産性の向上に取り組みますよね。

「会社が儲けるためにやっている」

「給料をたくさん払いたくないからイジメている」

と勘違いしている方々が多いから生産性は上がらない。

生産性の向上が働いている社員の生活向上、幸せ向上につながるということを、なぜ理解させないのですか?

でも、思われてますよね。

「なぜ生産性向上が自分たちの生活向上、幸せ向上につながるのか?」ってね。

それについて説明します。

まずは皆さんの「給与」はどこから捻出されますか?

そうです。「荒利益高」です。

ですから、荒利益高確保に全員が努力しなければならない。

そして、スーパーマーケットの営業経費の中で最大のコスト(経費)は何か?

そうです「人件費」です。だいたい荒利高の40~50%を占めています。

しかしここで間違わないでください。

生産性を向上させる目的は、この人件費を下げることばかりではないのです。

例えば1店舗に1000万円の人件費が掛かっているとします。その1000万円を生産性の悪いときは50人で分割している。

すると1000万円÷50人＝20万円／人です。

それを生産性の良い店では40人で分割している。

すると1000万円÷40人＝25万円／人になります。

ということは、生産性を向上させることは会社の収益向上と皆さんの収入アップ（幸せ向上）につながるということなのです。

逆に、生産性を向上させないと収入アップも幸せ向上も見込めないということなのです。

ところで、皆さんは「給料」ではなく「給与」をもらっているということを理解してください。

給料は「有限」です。

なぜか？

労働時間に対する「対価」だからです。

しかし、給与は「無限」です。

なぜか？

会社にまず「利益（収益）」を与えることによっていただける「報酬」だからです。

会社で働いておられる全員が「給与をもらっている」という意識を持つことが〝会社の発展〟と〝自己実現（幸せ実現）〟を共に実現することにつながるのです。

「個店主義」は本部の変革からスタートする

ですから、アメリカのスーパーマーケットや日本の収益性の高い飲食企業（サイゼリヤなど）は生産性を向上させて得られた利益の一部を社員にどんどん還元する仕組みをつくり上げていますよね。

だからみんな「生産性向上」に躍起になる。

「生産性向上＝作業手順の見直し」ではないのです。

「生産性向上＝社員の理解＝インセンティブ」だと思うんです。

個店主義経営を志向するなら、この「生産性向上」は不可欠です。

なぜなら、店の業務負担が増えてくるからです。

だからこの「生産性向上」を徹底的に行う。そのためには「インセンティブ（報酬）」が不可欠です。

「チェーンシステムにおける個店主義」を実現するためには、「評価」する〝項目〟は変わらずとも「評価」する〝基準〟を変えていかなければならないのです。

「個店主義」は店舗に権限を委譲することではありません。

本部自体の変革が必要不可欠なのです。

よく「本部主導型」と「個店主義」は対極のように言われますが、それは大きな間違いです。

商品の価格交渉や産地、および商品開発、基本的マーチャンダイジングは100％本部のバイヤーが行わなければなりません。

むしろ個店主義は、バイヤー本来の仕事に、より〝フォーカス〟することなのです。本部主導型よりも。

そして「バックヤード在庫ゼロ」を目指すことが個店主義の〝基本〟ということを理解してください。

よって、今まで以上の「物流システムの改善・改革」が必要です。

さらに「人事」が大切になってきます。

個店主義は「人間力」に頼るところが大なのです。

ということは、適正な人材登用が大事になってきます。

そして「適性評価」が店舗のモチベーションアップにつながってきます。

よって「評価」基準の改善・改革が必須。

というように、「個店主義」には今までの「本部主導型」以上に本部機能の充実や改善・改革が必要ということなのです。

もっと言えば、「チェーンシステム化」が必要だということなのです。

ちまたで言われている「各店に権限を委譲する」ということではないのです。

「チェーンシステムにおける個店主義」——。

これこそ「減の時代」におけるスーパーマーケットの新しい成功フォーマットなのです。

第４章

商品部イノベーション
〝減の時代〟

No challenge, No future.
挑戦しない人生なんて、人生ではない!!

（柳井正）

「企業の目的は顧客の創造である」

「経営学の巨人」といわれるP・F・ドラッカーはこう言っています。

「企業の目的は顧客の創造である。従って、企業は2つの、そして2つだけの基本的な機能を持つ。

それがマーケティングとイノベーションである。マーケティングとイノベーションだけが成果をもたらす」（「マネジメント」より）

この「マーケティング」と「イノベーション」のどちらもこれからのスーパーマーケットの商品部には必要になってきます。

これを意識化し、実行した企業のみが「新しい顧客」を創造することができるのです。

a.「マーケティング」

**「これまで、マーケティングは販売に関係する全職能の遂行を意味するにすぎなかった。それまではまだ、〝販売〟である。

われわれの製品からスタートしている。

われわれの市場を探している。**

これに対し、真のマーケティングは顧客からスタートする。

すなわち、現実、欲求、価値からスタートする。

「われわれは何を売りたいか」ではなく、「顧客は何を買いたいか」を問う。

「われわれの製品やサービスにできることはこれである」ではなく、「顧客が価値があり、必要とし、求めている満足がこれである」という。

実のところ、販売とマーケティングは逆である」（P・F・ドラッカー『マネジメント』より）

いかがですか？　バイヤーさん。

マーケティングは「顧客」からスタートするのです。

「現実、欲求、価値」からスタートするのです。

しかし、ここで間違えないでください。

バイヤーの「顧客」は、エンドユーザーの「お客さま（生活者）」だけではありません。

「お取引さま」も顧客なのです。

特にお取引さまの「現実、欲求、価値」を理解するとイノベーションをつくれるのです。

ここがすごく〝肝〟なのです。

b.「イノベーション」

再びP・F・ドラッカーの言葉です。

「企業の第二の機能は、イノベーション、すなわち新しい満足を生み出すことである。経済的な財とサービスを供給するだけではなく、より良く、より経済的な財とサービスを供給しなければならない。

イノベーションとは、科学や技術そのものではなく、価値である。時代の中ではなく、組織の外にもたらす変化である。イノベーションの尺度は、外の世界への影響である」（『マネジメント』より）

これまでの業界の常識を捨て、〝新しい価値〟を創り出していくことが「業界の常識」まで変えてしまうものでなければいけない。

それが、「イノベーション」です。

そして、そのイノベーションは「組織の外」、つまり、お客さま（生活者）やお取引業者さまにも大きな変化や影響を与えるものでなければならないのです。

「え!? そんなものあるわけないだろう〜!!」と思われていますよね。あるのです。

では、このP・F・ドラッカーの理論に基づいて実施した「マーケティング」と「イノベーション」についてお話ししていきましょう。

〝PBブーム〟に疑問を感じていませんか?

大手量販店を中心にPB商品の開発ブームが続いています。

その目的は何か?
・今までのNB商品より安くて儲かる商品の開発
・競合他店との価格競争力を高めるため
・ストアロイヤリティ(店格)を高めるための商品開発
というところでしょうか。

でも、今、本当にグロサリー、日配品、菓子、日用品、酒などのいわゆる〝コモディティ商品〟のPB開発や量販が消費不況の対策なのでしょうか。小生は違うと思います。

もちろん、PB商品を「売れて儲かる」商品と位置づけて量販を仕掛けるという点において異論はありません。

しかし、ＰＢ商品の開発や量販が消費不況対策であるということに疑問を感じているからです。

むしろスーパーマーケットにおいては〝ノンコモディティ商品〟といわれる生鮮食品、デリカでの「独自化商品」＝「ＰＢ商品」開発の方が急務ではないかと小生は思うのです。

アメリカは生鮮食品も〝コモディティ化〟してしまっているのです。

産地もほとんど同じ、市場機能もほとんどない。まして〝旬〟もあまりない。

そんな状況下では、〝味で独自化〟できるデリカ部門以外の生鮮食品は〝コモディティ化〟してしまいますよね。

でも日本は違います。まだまだ市場機能がしっかりしています。

旬があります。産地も多数あります。

十分、生鮮食品は〝ノンコモディティ化〟できる部門なのです。ましてや、生鮮部門とデリカ部門の売上構成比は50％前後。生鮮の強い企業なら60％にも達します。

さらに、荒利益高構成比に至っては、60〜70％を超える企業がほとんどです。

それなのに、なぜ今〝コモディティ商品のＰＢ〟がブームになっているのか小生にはわからない。

それよりも〝ノンコモディティ〟商品である生鮮食品やデリカテッセンの「独自化商品開発」をすべきではないか。

しかし、ほとんどの企業がこの「ノンコモディティ商品」の独自化商品開発をしない。

なぜだと思います？　それは「リスク」が伴うからです。

でも「リスク」があるから独自化商品としての魅力がある。

「リスク」のない商品はやがて「リスクをとる」商品に負けてしまう。

今こそ「リスク」を伴う生鮮食品や惣菜部門で「独自化商品開発」を進めていくべきなのではないでしょうか。

それに気づき、「商品調達面でのイノベーション」を実施した企業のみが、今後ますます進むこの消費不況下において〝一人勝ち〟すると小生は確信しています。

「急げ！生鮮食品とデリカテッセンの独自化商品開発！」——。小生は大声で叫びたいのです。

アメリカのＰＢ商品の現状を理解する

ＰＢ商品で日本よりも一歩も二歩も先を走っているアメリカでのＰＢ商品の現状を理解

すれば、いかに日本のＰＢ商品開発の方向性がおかしいかがわかります。

「アメリカの食品小売業の品種別食品ＰＢ売上高ランキング」を見ると、上位のほとんどが購買頻度の高い生鮮食品と日配品です。

唯一、グロサリー関係で上位に来ているのが「ミネラルウオーター（ボトル水）」。

しかし、品種内占拠率は２％、伸び率も６％と低いのです。

これを見ても、日本のＰＢ商品開発の方向性に疑問を感じませんか？

また、独自化を鮮明に出しているスーパーマーケット企業ではグロサリーのＰＢ開発の舵を〝安さ〟から〝独自化〟にとっています。

例えば、「オーガニック」や「自然食品」。

ご存じのとおり、「ホールフーズマーケット」は品揃えの約50％がオーガニックや自然食品。

また、集中化戦略で急成長している「トレーダージョー」のＰＢ商品はすべてアメリカのＦＤＡＣ（連邦政府食品・医療品局）やＵＳＤＡ（アメリカ農務省）の基準をクリアしていることを〝売り〟にしています。

つまり〝独自化〟がキーワードなのです。

それに比べて日本は「安さ」のＰＢ開発のみ。

もう次のステージへ進む時が来たのではないでしょうか。

今こそ「生鮮食品、デリカテッセン」の〝商品調達イノベーション〟を起こす時ではないでしょうか。

本当に現状の商品調達が一番ベターなのか？「現状否定」してみてください。

もっと、鮮度の高い商品を調達できないか。

もっとおいしくて値頃感のある商品を調達できないか。

もっと安くて鮮度の良い商品を調達できないか。

では、そんな、〝商品調達のイノベーション〟を成功させた企業の成功事例を紹介させてもらいます。

「旬のギャップ」を活用したイノベーション

まずは「青果部門」。

日本には、ありがたいことに四季があります。

そして、北は北海道から南は沖縄まで縦に長いので、四季にズレが起きる。

いわゆる、「旬のズレ」が生じる。

この「旬のズレ」に着眼して、仕入れ調達面のイノベーションを大胆に行った企業があります。

その企業は、こういう〝イノベーション〟を行いました。

彼らは、「市場は2パターンに分かれる」と考えた。

一つは「消費地市場」。

東京や名古屋、大阪など大消費地に対応する市場。

全国どこからでも商品を調達できる機能を持っている市場。

そして、もう一つが「生産地市場」。

生産地に非常に近く、商品調達力より各市場への転送機能が充実している市場。

この〝市場特性〟を活用した仕入れに変更しようとしたのです。

具体的に言うと、生産地である九州の市場は、消費地市場より旬商品の出荷が早い。

ということは、旬商品の相場下落が早いということ。

消費地市場で、アンデスメロン1個の原価が400円のときには、生産地市場は旬でダブついて原価1個250円以下というときがザラにある。

その「旬のギャップ」を活用して仕入れを行った。

すると、〝圧倒的な安さ〟と〝圧倒的な旬の先駆け〟ができた。

今までの近隣市場のみでの商品調達では、「旬」のときは価格の違いイコール値入率の違いでしか表現できなかったのに。

しかし、この「旬のギャップ」を活用すれば、「旬になる前」、いわゆる「旬の先駆け」で〝圧倒的な安さ〟を実現できるようになった。

しかも値入率が高い。

今までは、他社と同じことをしていた。

それは、「近隣市場からの仕入れ」と「産地農家（農協）契約の仕入れ」。

しかし、これで本当に他企業との〝独自化〟を出せるのか。

もっと違う方法はないのか?

ということを考え抜いた結果、「旬のギャッピング」仕入れを考えついた。

この〝商品調達イノベーション〟を実現して以降、「旬の先掛け」で「価格のプライオリティ」を握ることができた。

さらに旬の先掛けをすることにより「単価アップ」が可能になり、何より「荒利益率（値入率）」の安定を図れるようになった。

今までの〝常識的〟仕入れを打破した結果がもたらした影響は、あまりにも大きかったのです。

養殖魚の仕入れ調達イノベーション

次に売上げ不振に陥っている鮮魚部門。

しかし、その中で〝一人勝ち〟している企業の取り組みを紹介しましょう。

まずは「養殖魚」の仕入れ調達面におけるイノベーションです。

養殖魚は、天然魚と違い年間調達が可能。

しかし、天然魚の「旬」と同じ商品調達サイクルで仕入れているのが実状。

例えば、「養殖ブリ」。

養殖ブリの商品調達サイクルでいくと、11～2月がピークになる。

よって、「需要と供給」のバランスが保たれているので安くならない。

そこで、〝旬の先駆け〟や〝旬の後どり〟に着目した企業が出てきた。

天然ブリは〝旬〟を過ぎると、急激に全国のスーパーマーケットからの発注が少なくなる。

しかし、天然魚と違い、養殖魚ですから〝安定供給〟できる仕組みができている。

そこに〝ギャップ〟が生まれる。いわゆる「需給ギャップ」。

そのバランスが崩れてくるときに「月間での数量保証」をすることにより、大幅な原価引き下げ交渉を行った。

すると、予想をはるかに上回る「原価条件」提示があった。

養殖業者も悩んでいたのだ。

そこでその企業は「需給ギャップ」バランスが崩れている時期に「数量確約」という武器をもとに交渉し、「安さの実現」と、今まで考えられなかった「荒利益高」の確約を実現できたのである。

大きな副産物も得られました。それは、担当者の「販売力イノベーション」。

「安くて儲かる」商品だったため、担当者がいろんな販売の工夫をして売り切っていったのである。担当者は、こんな「安くて儲かる」商品を望んでいた。

こうして、今まで「常識」とされていた天然魚や近海魚の「旬」を基にした「マーチャンダイジング計画」や「販売計画」は破壊されたのである。

もう一つ、近隣漁港の開拓でイノベーションを起こした事例も紹介しましょう。

青果と同じように鮮魚も「地産地消」ということで「近隣漁港直送」企画で活性化を図ろうとしている企業が多い。

しかし、残念ながら、これだけでは他社との違いや「独自性」を表現できないというのも現実問題としてあります。

そこに気づいた企業がいます。

近隣漁港開拓イノベーションで一人勝ち

日本は一部の県を除き、海に面している。

そして、「日本海」「太平洋」「海峡（水道）」「瀬戸内海や湾」で獲れる魚は全く違う。

鮮魚のバイヤーなら百も承知。

なのに、この「海流や特性」を生かした仕入れをしていないのが現状。

その疑問に「気づいた」バイヤーたちがいた。

例えば同じ水道でも「紀伊水道」と「豊後水道」では獲れる魚が違う。旬魚の獲れる時期が違う。

また、4、5時間も車を走らせれば、太平洋から日本海に行ける。

その時間と手間を捻出すればよい。

この「ギャップ」や海流の違いを活用して仕入れ調達するという〝イノベーション〟に打って出た。

その地方で好まれている「旬魚」で、地元で獲れる時期と旬の違う漁場を探した。

そして、その漁場の旬のときは、相場が崩れる。

その瞬間を狙う。

すると、明らかに「安さ」が違った。

明らかに「おいしさ」も違った。

競合他社との「違い」を明らかに見せつけることができた。

今までは、「物流がないから…」とあきらめていたのだ。

しかし、「不況」により、物流会社もダンピングしてきた。十分に採算のとれる物流コストまで下がった。

「魚が売れない」と市場も漁場も悩んでいる中、「不況」がもたらした〝イノベーション〟。

「物流がない」というだけであきらめていたことが、社会情勢の変化によって実現可能になった。

しかし、世の中の鮮魚バイヤーはそんなことを考えることすらしない。

今の取引先と友好関係を結んだ方が楽だからだ。

よって、〝近隣漁港開拓イノベーション〟を起こした企業は〝一人勝ち〟した。

精肉は〝産地・銘柄〟から〝おいしさ〟へ

2003年に施行された「トレーサビリティ法」以降、多くのスーパーマーケットは〝産地や銘柄〟で他企業との違いを出そうとした。

いわゆる「ブランディング戦略」。

この「ブランディング戦略」は見事に大成功したのだが、〝消費不況下〟において、その戦略を根本から見直した企業が出てきた。

そして、そのことにより信じられないような売上高と荒利益高をたたき出したのである。

「消費不況」に突入し、外食やホテル、そしてスーパーマーケット各社で「品質の良い」肉が売れなくなった。

そのため「ブランディング」を根本から見直し、「セット」主体から「パーツ」主体へ仕入れをシフトしたところ、予想をはるかに上回る好条件が提示されたのです。

例えば、夏場では「カタロース部位」「モモ・カタ部位」。冬場には「バラ部位」「ロイン部位」というように、「消費不況」で今まで考えられなかったほどの部位（パーツ）単位での余剰部位が大量発生していたのである。

しかし、ほとんどの企業は「ブランディング」戦略を根本から見直す勇気がなく、「産地契約」の縛りで、安い部位（パーツ）があるにもかかわらず、仕入れられない。

そういう状態の中で、この「ブランディング」戦略をあっさりと捨て去り、「等級」に基準をシフトさせた。

お客さまへのアピールの〝基準〟を変えたのだ。

〝ブランド銘柄〟という基準から、〝等級〟という基準へ。

すると、どうだろう。〝ブランド〟にこだわったときに比べ、同じ等級で3～5割安で仕入れることができるようになった。

「基準を変える」というイノベーションを実現しただけで…。

そして何より、安く仕入れることで今まで販売していた「等級」「ブランド」よりワンランクアップした商品に基準をアップすることができた。

「高品質かつ低価格」の実現である。

「今までよりおいしい肉が、今までと同じ価格で買える」

圧倒的なお客さまの支持を得たことは言うまでもない。

そして、この「高品質かつ低価格」を実現したことにより、一品単価が上がってきた。

ほとんどのスーパーマーケットが「単価ダウン」で苦しんでいる中で…。

でも、ちょっとした「イノベーション」をしただけなのだ。

「産地・銘柄」から「等級」へのシフトイノベーション。

「セット中心」から「パーツ」中心へのシフトイノベーション。

たったこれだけで、消費不況の中、「過去最大の売上高」と「過去最高の荒利益高」を達成できたのである。

デリカの「原価交渉」イノベーション

「デフレスパイラル」で素材の原価が急落している。

しかし、デリカ部門はもともと値入率の高い部門であり、そして何より「ベンダー丸投げ」体質が根強くある部門なので「原価交渉」しきれない。

だから、原料が30％以上下落していても原価5％ぐらいのダウンで満足してしまう。

そんな中で、鮮魚や精肉のバイヤーと情報交流し、原料の知識や情報を入手することで、「大幅なコストダウン」や「高品質かつ低価格」戦略を実現した企業があった。

鮮魚や精肉のバイヤーを同席させ商談する。

グロサリーのバイヤーから調味料などのコスト状況の情報を入手し外部加工ベンダーと

交渉する。

また、現状の商品をコストダウンし、売価を下げてしまえば「一品単価ダウン」につながるので、現状よりも品質を上げて、同価格で販売できるようにと交渉した。

決して、「品質を落として、売価を引き下げる」というような商談や交渉をしなかった。

むしろ、売価を上げても品質にこだわる交渉をした。

そのバイヤーは知っていた。

デリカ部門は非常に生産性の低い部門であることを…。

その部門が売価を引き下げて、「価格競争」してしまうと、より一層生産性の悪化を招いてしまう。

原価40円のコロッケの品質を落として原価15円のコロッケを仕入れることは簡単だ。

1個80円のコロッケを1個30円で販売し、値入率50%を維持することもできる。

しかし、これを行ってしまうと、生産性が約40%も悪化する。

だが、生産性が悪化することは、うすうすわかっていながらも「消費不況」という今までに体験したことのないことが起きたために、「安さ」へとほとんどの企業のバイヤーが走った。

その中で「こんな風潮に乗っかったら、一時的には売上げは良くなるかもしれないが、とんでもないことになるぞ」と冷静に判断したバイヤーがいた。

そして、打った手が「高品質かつ低価格」戦略。

徹底的に他部門のバイヤーの力を借りて、地道な原料交渉をし、「今までの商品より高品質でありながらも、原価据え置き」を実現したのだ。

すると、今までよりも高品質になったので、お客さまの支持率が上がった。

リピート率が増えて、大幅な販売点数アップにつながった。

また、「価格据え置き」か「単価アップ」としたため一品単価が上がり、「単価ダウン」の危機を乗り切ることができた。

そして何よりも「高品質かつ低価格」により、荒利益高は大幅アップし、生産性もアップするということに成功したのだ。

これが「原価交渉」イノベーションである。でも、ほとんどの企業がこの政策と180度違った政策をとったことは周知の事実。

皆さんは、どちらのイノベーションが正しいと思いますか?

同じ「価格交渉」でも、一つは「イノベーション」。

もう一つは「品質ダウンによるコストダウン」。

結果はおのずと見えてきますよね。

〝情報〟だけでなく〝倉庫〟も拝見

皆さん、モノが安くなって、モノが売れない「デフレスパイラル」の状況下において、「物流」はどういうことになっていると思いますか?

メーカーさんはモノを作らなければ、商売になりません。

ですから、モノを作り続けます。

そして問屋さんは、モノを動かさなければ商売になりません。

ですから、モノを動かし続けます。

しかし、モノが売れない。では、どうなるのか? どこかで必ずモノが滞ります。

その「物流が滞っている」場所をバイヤーが探すことができれば、ものすごい「お宝」を探し当てることができるのです。

今は、「モノが売れない」状態。言葉を換えると「モノが動かない」状態。

こんな状態のときは、バイヤーが動かなければいけないのです。

バイヤー自ら動いて、大きな成果を出し続けている企業があります。

その企業のバイヤーはこう感じていました。

「メーカーの生産量は減っていない。しかし、ＰＢ商品がこれだけシェア拡大していれば、必ず今までのＮＢ商品は余ってくるはず。

ということは、どこかにものすごい在庫が眠っているのではないか?」

そこで動いた！　メーカーさんや問屋さんに自社にお越しいただくのではなく、自らメーカーさんや問屋さんのところに足を運ぶ。

そして、〝情報〟だけでなく、〝倉庫〟も拝見させていただく。

また、「現金問屋」など、いわゆる〝ブローカー問屋〟にも積極的に足を運んだ。

そして、生産工場にも積極的に足を運んだ。

そんな「行動力」が商品調達面の「イノベーション」を起こした。

「コンビニエンスストアから廃番になった菓子が倉庫に眠っている」

「メーカーの読み違いで生産した商品が眠っている」

「生産時にちょっと変形した規格外商品が眠っている」

「賞味期限があと30日という商品が眠っている」

あるわ、あるわ…。

仮説を立てて「行動」した本人が、あまりの多さに目をシロクロさせてしまった。

それらの商品が「破壊的安さ」で仕入れができたことは言わずもがな。

10％台の荒利益率が当たり前のグロサリー部門で30～40％台の荒利益率商品を発見することができたのだ。

別に中国や東南アジアに行かなくとも、国内に「宝の山」が眠っていたのである。

「数量確約仕入れ交渉」を行え！

実は、そのバイヤーは、次にもう一つのイノベーションを起こした。

それは、「数量確約仕入れ交渉」である。

彼はこういう仮説を立てた。

「デフレスパイラル下では、モノが動かない。ということは〝強引に〟モノを動かした企業に条件が集中するのではないか」すなわち…、

「前年比300％の仕入れをするから、○○円にならないか？」

「今まで月に1万ケース仕入れていたけど、それを販売強化月間として3万ケースにするから、○○円にならないか？」

といった交渉を積極的に行ったのである。

しかもシェアナンバーワンのメーカーではなく、ナンバー2、ナンバー3メーカーとの

交渉を重点的に行った。

「シェア逆転したいんだけど、協力してくれない?」という〝殺し文句〟を使いながら…。

でも、皆さんは思いますよね。「これって、イノベーションでもなんでもない!」と。

しかし、御社のバイヤーの仕入れを観察してみてください。

ただ、「下げろ!」「まけろ!」の一点張り。「数量確約」の話は一切出てこない。

なぜか? それは、「販売力」が低下しているから、そんな約束なんかできないのです。

「年間契約」の商品以外は…。

やはり、この「消費不況」下で〝数量確約〟するのは、バイヤーとしてはあまりにも〝リスク〟が大きい。

ですから、数量確約しないで済めばそれが一番。できる限り「数量確約」したくない。

「もし売れなくて過剰在庫になったら…」という不安が常に付きまとうから…。

しかし、このバイヤーたちは、「リスク」をとったのです。

「消費不況」の時代、「デフレスパイラル」の時代において、実はこの〝数量確約〟仕入れや、〝シェア逆転〟仕入れは「イノベーション」に近い行動だったのです。

最初はメーカーさん、問屋さんも疑心暗鬼。

しかし、見事確約した数量をクリア。どんどん追加発注するという事態が続いたのです。メーカーや問屋さんは、とにかくモノを動かしたい。そうでないと商売にならない。だからこのバイヤーさんは、「スーパーマーケットと同じように荒利益高主義に徹してほしい」と彼らにお願いしたのです。

それを理解したメーカーさんは、多少、マージン（利益）が低くなっても条件価格を提示してきました。

当たり前のことですけどね。

ただし！、ここまでなら「イノベーションに近い行動」で終わっていたところです。

この企業のすごいところは、ここからでした。「販売」の強化を図ったのです。

この企業は**「異常値販売の重要性」「商品調達イノベーションの目的」「それを実現したときの会社のメリット」**などなどを懇々と担当者に話し、意識を変えました。

担当者が納得し、実行するとすごい「パワー」を発揮します。

今まで「こんな売れないメーカー商品を送り込みやがって〜！」と言っていた担当者が、「これが〝売れて儲かる商品〟やな。よっしゃ〜！売ったるでー！」と、人が変わったように売り込む。異常値に挑戦する。

いつの間にか「商品調達イノベーション」が「販売イノベーション」へ進化していった。

すると、その「噂」を聞きつけたメーカーさんや問屋さんがわれ先にと商談にやってくるという〝副産物〟も生まれたのです。

仕入れを「パラダイムシフト」しよう！

今までの話を読んで、気づかれたことありましたよね！

今までの仕入れの考え方や方法では安く仕入れることができないということを。

本部でメーカーさんや問屋さんと商談していてはダメなのです。

バイヤー自ら出向かなくてはいけないのです。

そして〝数量確約〟した積極的仕入れ交渉をしなければならないのです。

そして、実はもう一つ、そのバイヤーさんが挑んだことがあったのです。それは…。

メーカーさんや問屋さんとの商談時に発する言葉でした。

「何か売れている商品はない？」、という言葉をやめたのです。

今までは「何か、ほかの企業で売れている商品はないの？　情報をちょうだいよ！」の一点張り。

これでは「競合他社と価格競争」になるな～と気づいたのです。

写真①

いわゆる「レッドオーシャン」商談をしていたんだと…。

そこで、彼らはこんな発言をし始めました。

「何か悩んでいる商品、在庫過剰商品ない？」

「高品質商品で悩んでいる商品ない？　在庫過剰商品ない？」

「販売イノベーション」が起きているバイヤーは強気。どんな商品でも売れる気がする。

だから「もっともっと現場の担当者に儲けさせてあげたい」

だから「もっともっと現場の担当者に売る喜び、儲ける喜びを与えたい」

と思うようになった。

すると、こんなPOPが売場に登場するようになる**（写真①）**。

こんな「コトPOP」が付けられる商品をバイヤーたちはどんどん商談する。

いわゆる「高品質低価格」商品です。

そうすれば「破壊的安さ」の実現と「高荒利益高」の実現という、いわば相反することが実現可能になったのです。

これも「イノベーション」だと小生は思います。

しかし、そのためには「販売力」や「見える化」がなければならない。

彼らが最後に気づいたこと。それは…。

「**〝仕入れ〟と〝販売〟は車の両輪である**」

「この両輪がうまくかみ合えば、ものすごい収益を上げることができる」

どちらか一方でも機能しなかったら車は動かない。

この車の両輪のバランスを保っていければ、商品調達面の「イノベーション」を実現することができることに、このバイヤーたちは気づいたのです。

このようにイノベーションは決して難しいことではないです。

要するに「業界の常識を深く理解した上で、その常識をまず否定する。

そして新しい考えはないか？と考えるクセをつける」。ただこれだけです。

小生はこれを「常識ある非常識」と言っています。

そこで、これから皆さんに、「常識ある非常識」を生み出すための「5つのなぜ?」を提起したいと思います。

なぜ「販売計画書」は何年も変わらないのか?

①なぜ「販売計画書」は何年も変わらないのか?

「世代が変わっている」

「時代が変わっている」

「食習慣が変わっている」

「環境が大きく変わっている」

なのに、「販売計画書」や「52週計画」の売り込み商品はほとんど変わっていない。

もっと最悪なのは〝販売計画書の外注〟をしている企業まである。

メーカーさんや問屋さんに提案させて計画書を作成している。

「バイヤーの意思」など全く反映されていない。

これで本当によいのでしょうか。

これからの「減の時代」に対応できるのでしょうか。

これからは、「販売計画書」以外に「ウオンツ商品チャレンジ計画書（シート）」なるものが必要だと思っています。


「冬でも子供は焼肉が大好きなんです！」

「夏でもすき焼きが食べられるのです！」

「菌たけ類は、実は春〜夏に買われるのです！」

「ブリ切り身は実は春〜夏にニーズがあるのです！」

「週末のごちそうは〝刺身の盛り合わせ〟でなく〝手巻き寿司パーティ〟に変わってきているのです！」

「夏でも切り餅は使い道があるのです！」

「すき焼きのたれは、春と夏の料理にも使えるのです！」


というように、今までの世代（団塊時代）とは食習慣が変わってきているのです。

だから、毎年「新しいメニュー提案や料理提案」、そして「新しいメガヒット商品」を創り上げていく努力をしていかねば、そうしなければ時代の流れにマッチングしていかないのです。

今の時代、「メガヒット」商品は「高品質低価格」政策と「ウオンツ商品提案」の中に

と言っても過言ではないでしょう。「ニーズ商品」の中にはないのです。

ーさん、気づいてください。今こそ「販売計画」の商品の全面見直しが必要なん

イントは3つあります。

オンツ商品」はないか?

ッ商品とは「新しい価値（需要）商品」のこと。

ちょっと切り口を変えたら、こんな商品が売れるのではないか？という商品を考える。

b.「旬の先掛け・後どり」商品はないか?

旬商品で今年は出回りが早くておいしい。

逆に旬は終了しているが、まだまだ味が良いという商品を常に提案する。

c.「トレンド商品」「高品質低価格商品」

今の「トレンド」もしくは「高品質低価格商品」は、最初は強引に販売計画書に入れないと売り込めない。

ということを考えて「販売計画書」商品の〝2割〟をウオンツ商品や高品質低価格商品に変更してみる。

それが「新しい価値（需要）創造」、いわゆる「ブルーオーシャン」商品につながるのです。

毎年変わらない「販売計画書」。
小生はこれを「**悪魔の計画書**」と呼びます。
なぜなら、〝血みどろの闘い〟へと導く計画書だからです。

なぜバイヤーは「動かない」のか？

②なぜバイヤーは「動かない」のか？

消費不況はスーパーマーケットだけではありません。外食産業はもっと深刻なのです。
ということは、商品がどこかに滞っているはずです。
それを見つけるのがバイヤーの仕事。
とにかくバイヤーは今、「動く」ことが大切です。
本部の机に座っていても「お宝情報」なんて入ってきませんよ。
お取引さまもどんどん自社の「戦略商品」を売ってもらいたいのですから。
自社の「儲からない」商品の情報提供や提案をされるわけがない。
だから、バイヤーが出向いていくのです。倉庫でも、工場でも…。

③なぜ、同質化競争にフォーカスするのか？

今は、「デフレスパイラル」状態。

バイヤーは、この「デフレスパイラル」とは何かをしっかりと理解し、今の売れ筋商品よりも高品質な商品を探さなければいけません。

図表⑧に「高品質低価格」戦略についてまとめてあります。

この「考え方」で探すと、とんでもない「宝の山」商品が見つかります。

④なぜ、「安く」売るのか？

「安く売る」ことばかりにフォーカスするから荒利益が下がるのです。

「安さの見える化」や「安く見せる」ことにフォーカスしていけば、逆に荒利益は上がってきます。

もう「モノ消費」の時代は終わって、「コト消費」の時代。

「安さの見える化」は、まさしくこの「コト消費」を具現化した販売方法なのです。

「安さの見える化」できる商品を徹底的に探すことがこれからのバイヤーの仕事なのです。

⑤なぜ、「モデリング」しないのか？

小生は、バイヤーによく言います。

「メガヒット商品は他部門、他業態にあり！」と。

図表⑧ 「高品質低価格」戦略

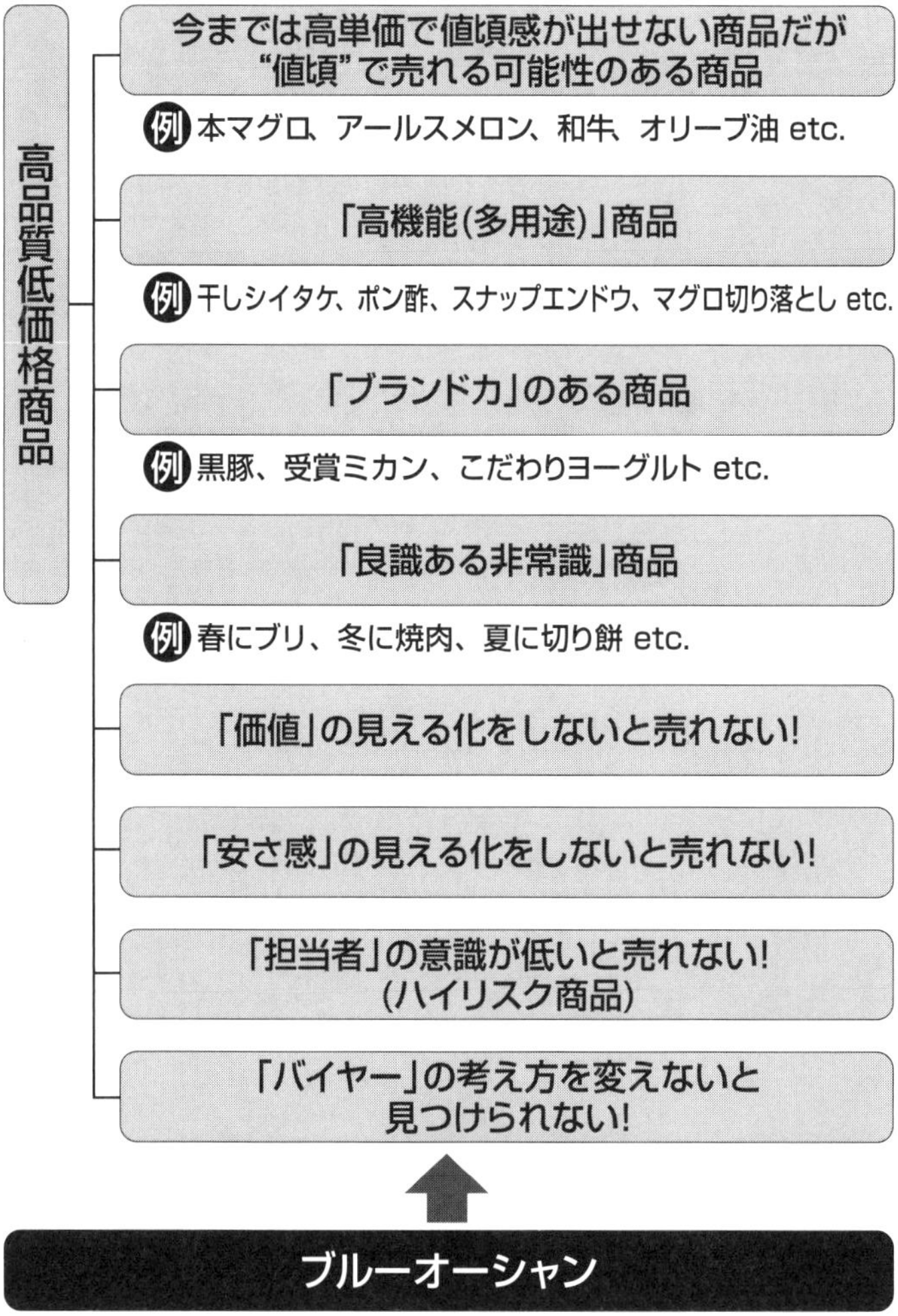
高品質低価格商品
今までは高単価で値頃感が出せない商品だが
“値頃”で売れる可能性のある商品
例 本マグロ、アールスメロン、和牛、オリーブ油 etc.
「高機能(多用途)」商品
例 干しシイタケ、ポン酢、スナップエンドウ、マグロ切り落とし etc.
「ブランド力」のある商品
例 黒豚、受賞ミカン、こだわりヨーグルト etc.
「良識ある非常識」商品
例 春にブリ、冬に焼肉、夏に切り餅 etc.
「価値」の見える化をしないと売れない!
「安さ感」の見える化をしないと売れない!
「担当者」の意識が低いと売れない!
(ハイリスク商品)
「バイヤー」の考え方を変えないと
見つけられない!
ブルーオーシャン

図表⑨　「減の時代」へ向けての5つの“肝”

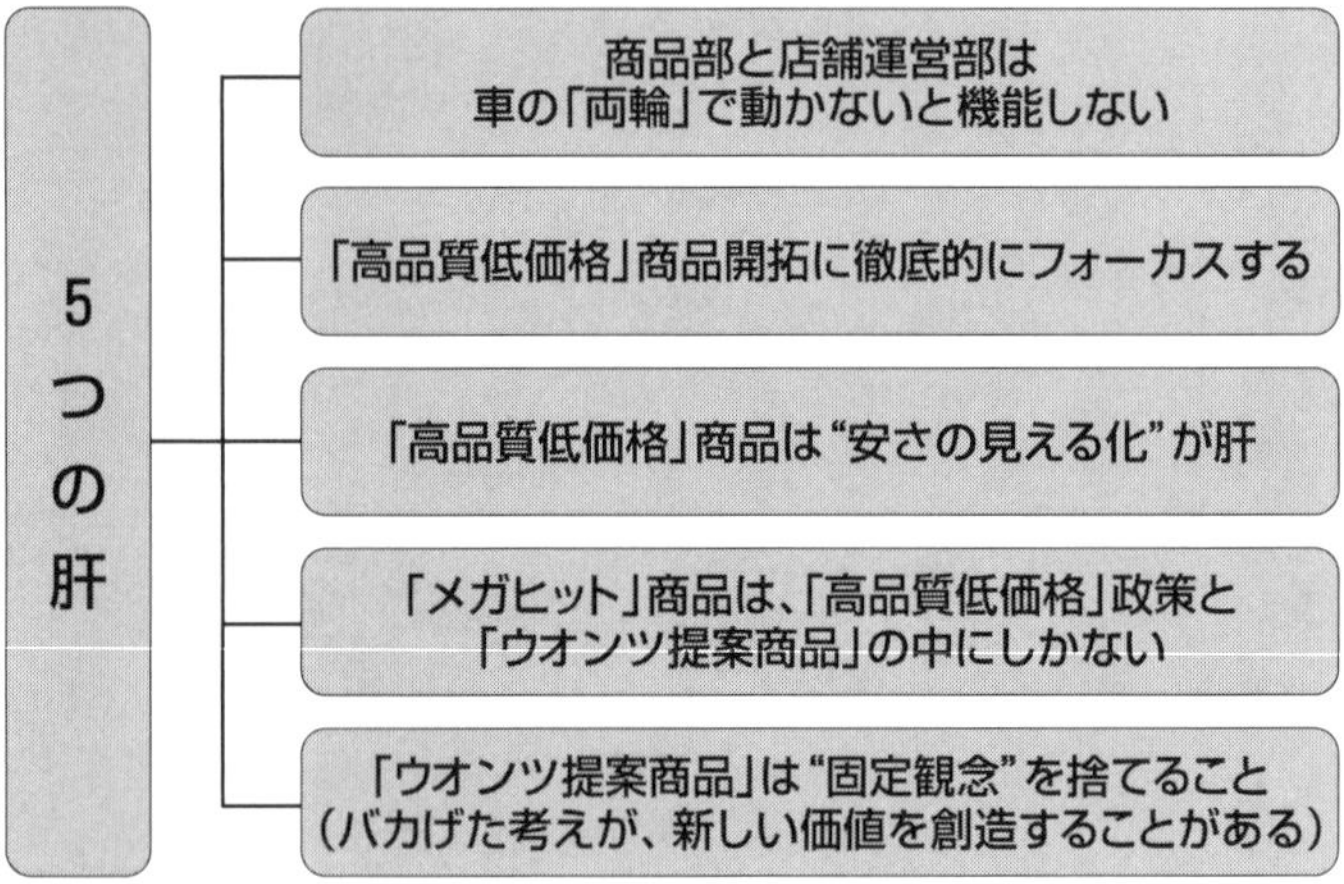
5つの肝
商品部と店舗運営部は
車の「両輪」で動かないと機能しない
「高品質低価格」商品開拓に徹底的にフォーカスする
「高品質低価格」商品は“安さの見える化”が肝
「メガヒット」商品は、「高品質低価格」政策と
「ウオンツ提案商品」の中にしかない
「ウオンツ提案商品」は“固定観念”を捨てること
（バカげた考えが、新しい価値を創造することがある）

メガヒット商品は「考え方」が重要なのです。「考え方」は業種や部門なんて関係ない。

「考え方」や「切り口」は共通なのです。

ですから、他部門でヒットしている商品の「切り口」をモデリングするのです。

他部門や他業種でヒットしている商品の「考え方」と「切り口」が同じ商品があったら、それを徹底的に考え方や切り口を〝コト〟で見える化するのです。

そうすればメガヒット商品を創り出せます。

5つの「なぜ?」、解消してみてください。必ず「商品部のイノベーション」を巻き起こすことができます。

図表⑨に「〝減の時代〟脱出の5つの〝肝〟」をまとめました。

ぜひ、この5つの〝肝〟を理解して「イノベーション」にチャレンジしてみてください。

商品調達の「イノベーション」を起こさない限り、この「消費不況」を脱出することは不可能なのです。

よく、ちまたでは「店舗主導」や「現場力」が大事といわれ、「店舗力の強化がすべて」といわれていますが、小生は違うと思っています。

こういう「減の時代」や「デフレスパイラル」だからこそ「商品調達のイノベーション」がすべてなのです。

だって、「仕入れの環境」が劇的に変わってきているんですから…。

第5章

「減の時代」の店長のイノベーション

他人から「できますか？」と聞かれたらとりあえず
「できます」と答えちゃうんだよ。
その後で頭が痛くなるくらい考え抜けば
大抵のことはできてしまうものなんだ。

（特撮監督　円谷英二）

「店舗力」とは〝執念〟の差である

よく近ごろ言われる言葉。**「店舗力を上げろ！」**

でも、店舗力って何ですか？　小生が考えた「店舗力」は、次頁**図表⑩**のとおりです。

今までの「店舗力」とは、「マニュアルどおり実施」「販売計画書の遵守」「店舗の平準化」「作業の標準化」

などと思われていましたよね。

しかし、やっとみんな気づいてきたのです。

「これでは他企業との違いを出せないし、減の時代ではジリ貧になるな」と…。

だから、このままではいけない！何とかしなければ！ということで、全国のスーパーマーケットで「店舗力アップだ！」「現場力アップだ！」という言葉が使われだした。

でも店長にしてみれば、「どうやって店舗力を上げていいかわからない」というのが本音。

そこで本章では、「消費不況」期における〝店舗力強化〟方法を提案させてもらいます。

ただし、ここで一言。

図表⑩　「店舗力」の具体的項目

店舗力		
発注力	ー	発注の基準を高める
売り切り力	ー	最小の値引きで売り切る
在庫削減力	ー	バックヤード在庫ゼロを基準にする
計数把握力	ー	計数に始まり計数で終わる
販売力	ー	異常値販売と価値の見える化を徹底
商品化力	ー	地域一番の商品化を目指す
人間力	ー	地域一番のモチベーションの高い店づくり
収益力	ー	生産性の高い店づくり

今から申し上げる「店舗力」の活性化は並大抵の努力では実現できません。

よく店長会議で店長が「努力しています」と言う。

しかし、世の中の店長は皆、「努力」しているのです。

ですから少々の「努力」や「取り組み」では差は出ない。

「**執念**」という域までの努力でなければ結果は変わらないのです。

だってそうでしょ。「この店、店舗の力があるなあ」と感じる店ってどんな感じでとらえますか？

「ここまでよくやるな〜！」「徹底しているよね！」「執念あるよね〜！」という言葉で締めくくるでしょ。「店舗力」って

〝**執念**〟の差なんですよ。

ですから「店舗力」の基準を高めていきたいと思っておられる店舗運営部長、店長、各担当者、各パートナー社員さん。覚悟して読んでくださいね。

ただし、「在庫削減力」「販売力」「商品化力」「人間力」に関しては、他の章で詳しく提案しますので、この章では「**発注力**」「**売り切り力**」「**計数把握力**」についてお話しします。

「発注力」アップが「店舗力」アップになる

「減の時代」、今後の売上低下の問題点は何だと思いますか?

それは「発注力」です。

でも近ごろ、「発注」の大切さを誰も認識していない。

だって、これからの「減の時代」において、何がダウンして売上げが低迷しているんですか?

「一品単価ダウン」ですよね。

「減の時代」においてエブリデーロープライス(EDLP)政策やディスカウント政策に力を入れるのは企業として当たり前。

デフレで商品の売価が下がるのも当たり前。

だからこそ「買上点数」の最大化を狙っていかなければならない。

でも残念ながら、これは本部のバイヤーにはできないこと。

１００％と言っていいほど「店舗の力」に左右されます。

今までと同じように発注し、販売していたら、売れなくなるに決まっている。

とにかく「節約志向」が強いからです。

「３－３－３」の陳列原則（3倍のフェース、ボリューム感、3倍の大きさのＰＯＰを付ける）

「コト販売」

「（味比べ）試食販売」

「ライブ販売」

などなど、小生の第1作目「スーパーマーケットの新常識」などで〝販売力〟を高める考え方や方法を皆さんに伝えてきましたが、これだけではもう〝減の時代〟においては売上げや荒利益高はアップしないのです。

販売力の根底にあるもの。

それが「**発注力**」なのです。

これが消極的になってしまったら、どんなに積極的な販売力を学んでも結果は変わりません。

ここで、店長や発注担当者の方に質問があります。

「何を基準にして毎日発注していますか？」

・品切れしないように発注している

・在庫が増えないように発注している

・ロスが出ないように発注している

店長さんはこんな感じで指導したり、担当者の方は発注したりしていませんか？

これは今までの「常識」なら正解だと思いますが、これからは「減の時代」。

発注の「基準」を変えなければいけないのです。特に…、

・チラシ掲載商品

・荒利益高商品（売れて儲かる商品）

・平台（平ケース）やオープンケースの最下段・エンド商品

など、量販商品は絶対に「基準」を変えなければいけません。

では、どんな「基準」を変えるのか？

それは「異常値販売への挑戦」と「荒利益高発想」という基準です。

経験値を無視して異常値販売への挑戦を行う

「量販商品に適正という言葉はない」

これは小生がいつも言っていること。

「適正発注」という言葉は、発注担当者自身に「壁」をつくってしまうからです。

「この商品は100円で売ると確実に150個売れる。だから150個発注する」

この考え方は、今までの〝優等生〟社員の見本でした。

しかしこれからの「減の時代」の中で、今までと同じ販売方法なら「100円で売っても、確実に150個売れなくなる」んです。

売れなくなるから、150個を120個、120個を100個へと知らず知らずのうちに発注を減らしていく。

もうこの傾向は、皆さんの店舗においては〝顕在化〟されているのではないでしょうか。

また、「ベテラン社員の部門ほど売上低迷している」という現実はありませんか?

逆に経験も何もない〝積極志向〟の若い担当者の部門が「消費不況にもかかわらず売上げを伸ばしている」という事実はありませんか?

これって、不思議と業種を問わず、地域を問わず、〝全国共通〟なのです。

その原因が「発注力」なのです。

また、この「発注力」は「販売力の基準アップ」と密接な関係があるのです。

「こんなに発注したけど、どうしよう？　売り切らなければ…」

という自分への「負荷」や「プレッシャー」が販売力を変えるのです。

「100円で売ると、確実に150個売れる」とわかっていて販売力の基準が上がりますか？

絶対に上がりませんよね。

よく、こんなことを質問されます。

「うちの担当者はなかなか3－3－3のダイナミックな売場をつくろうとしないんですよ」

「うちのパートナー社員さんは、全く〝コト販売〟に興味がないんですよ。どうしたらよいですかね…」

答えは簡単。

「3－3－3のダイナミックな売場をつくったり、コト販売しなければならない〝状況〟をつくってあげること。

そのために〝失敗していい〟から思い切って発注させることです」

このことを小生は「**異常値販売への挑戦**」と言っています。

しかし常識ある方々は言います。

「毎日、異常値販売なんて挑戦させられない。異常なことってそんなに頻繁にないから異常なんだろ！」と。

なぜ〝常識人〟はこういう発言をするのか？

それは「異常値」の対義語を「平常値」とか「正常値」と解釈しているからです。

これは「学校で習った」対義語です。

「社会で学んだ」異常値の対義語は「経験値」なのです。

「経験値」がＤＮＡのように体に染み込んでいる企業や担当者はこの「異常値」に挑戦できない。

だからこれからの「減の時代」に大苦戦するのです。

「売り切る力」こそ消費不況期の救世主

「減の時代」においては、〝低価格志向〟にシフトしてしまう。

そのために、量販商品はますます「値入率」が下がる。

ということは、今までと同じ販売量なら「荒利益高」が減少する。

最悪なパターン。小生の言葉でいうと「ドッボスパイラル」に入ってしまう。

ですから、量販商品は「**荒利益高発想**」で発注していかねばならない。

「量販商品の値入率が定番の2分の1なら、販売量を2倍以上にすればよい」

という考え方です。

「安く売って儲ける」のです。そのためには〝発注〟時の考え方が大切です。

「値入率が低いから、あまり売り込まないようにしよう、発注しないようにしよう」

という、今までの「荒利益率主義」の考え方は「減の時代」には通用しない。

「**1%でも利益があるのであれば、果敢に販売数量に挑戦する発注力をつける**」ことが大切なのです。

これが発注の「パラダイムシフト」。

そして、これからの「減の時代」は、

「仮に荒利益率が低下しても、発注力の基準を上げ、販売力基準を上げて、荒利益高を稼いでいく」

これを目標にすべきなのです。

このことを「**店舗力**」というのです。

さらに「荒利益高発想」になれば、〝発注力基準〟を上げ、「売れて儲かる商品」をあらゆる〝販売手法〟を使ってどんどん売る〝クセ〟がつきます。

だから結果として荒利益率も向上する。

もう一度、図表⑩を見てください。

従来、「店舗力」の中に必ず入っている項目が入っていないのに気づかれましたか？

そうです。「鮮度管理」と「ロス管理」です。

従来のスーパーマーケットの店舗力の考え方では「いの一番」に挙げられる項目。

小生はあえてこの項目を外しました。

皆さんに考え方を「パラダイムシフト」してもらうために。

なぜ、「鮮度を管理しなければならないのか？」

なぜ、「ロスを管理しなければならないのか？」

それは「**売り切る力がない**」証拠なのです。

いや、会社全体が「売り切る力」にフォーカスしていないからです。

極論ですが、「売り切る力」をつけていけば、鮮度もロスも管理しなくていい。

これぐらいの意識で取り組まないと「店舗力」って上がっていかないんです。

皆さんは、「売り切る力」にフォーカスしていますか?

「店舗力＝販売力」です。

「販売力＝売り切る力」です。

この売り切る力をつけていかない限り、店舗力と店舗基準は上がっていきません。

では、どうしたら「売り切る力」の基準を上げることができるのか。

それを次頁の**図表⑪**にまとめてみました。

「荒利益高」発想がイノベーションを起こす

a.「バックヤード在庫ゼロ」を基準にする

「バックヤード在庫を持ってはいけない」という文化をつくることで、「売り切り」の意識がものすごく高まります。

実は皆さんもご存じのとおり、一番商売で難しいのは「売り切る」ことなのです。

できれば無理に「売り切り」せずに、バックヤードで鮮度管理し、保管しておきたい。

その方が楽ですもんね。

でも、これではこれからの「減の時代」に対応できない。

図表⑪　「売り切る力」基準アップの方法

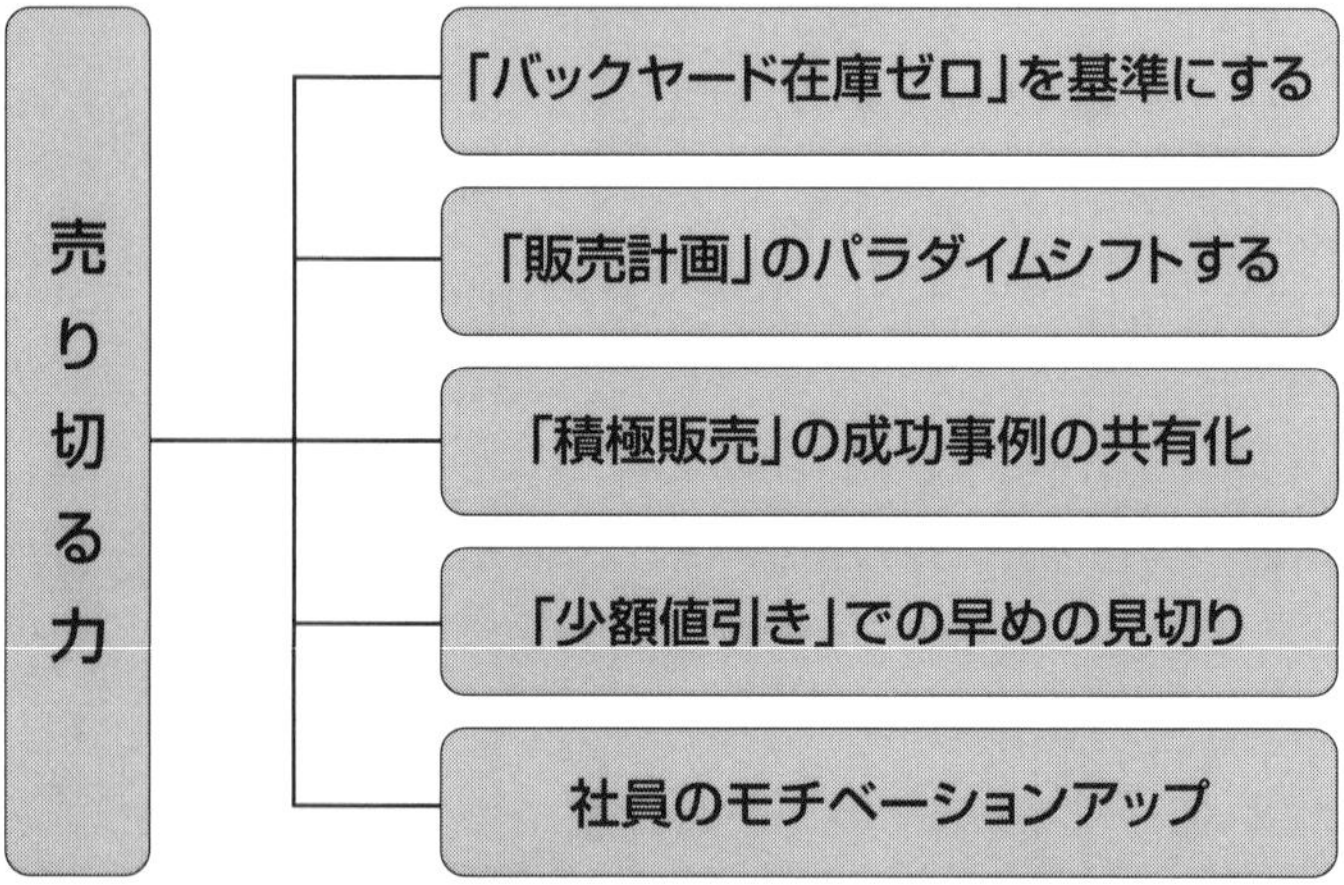
売り切る力
「バックヤード在庫ゼロ」を基準にする
「販売計画」のパラダイムシフトする
「積極販売」の成功事例の共有化
「少額値引き」での早めの見切り
社員のモチベーションアップ

だから、まずは徹底的に「バックヤード在庫ゼロ」にフォーカスし、担当者にプレッシャーや負荷を与え、担当者の「意識の基準」を上げていくことが大切なのです。

b.「販売計画」をパラダイムシフトする

小生の「販売計画」の考え方は…。

「明日はこの平台（エンド）で何を売ろうか？」、という考え方ではなく、

「明日はこの平台（エンド）でいくらの荒利益高を稼ぎたいから、どの商品をどれくらい発注しようか？」

という考え方です。

あくまで〝基準〟は「荒利益高」なのです。

「荒利益高」の発想で発注するから、早めの見切りもできるのです。

「残って翌日2、3割引きで販売するよりも、今日中に少額値引きで売り切った方がよい」という思考に変化してくるからです。

ですから「売り切る力」の弱い企業は「販売計画」の段階からメスを入れなければなりません。

「販売計画」作りの考え方を変えることによって、「売り切る力」は数段レベルアップします。

c.「積極販売」の成功事例の共有化

「積極販売」は、前著「スーパーマーケットのブルーオーシャン戦略」で紹介しましたが、皆さん実践されているでしょうか。

実は実践された企業の中で、結果を劇的に変えた企業と、あまり結果が変わらない企業の2つに明暗がくっきりと分かれました。

原因は、「基準」と「評価」でした。

基準を、「部門やカテゴリー（ライン）の数字が大きく変わった〝単品〟の積極販売における成功事例の共有化」にしていますか。

単に「単品が売れた！」という成功事例の共有化は、あまり意味がないのです。

そうではなくて、単品が売れたことによって、部門やカテゴリーの数字が変わったことに意味があるのです。

また、「積極販売」で大きく結果を変えた担当者を全社的に「評価」できる方法を考えていますか?。

「積極販売」にはリスクが伴います。担当者はできればやりたくない。

だから、実践した担当者を「評価」してあげてください。

そうすることが「売り切る力」の基準アップにつながってくるからです。

d.「少額値引き」での早めの見切り

これは生鮮食品に限らず、グロサリー、日用雑貨にもいえることです。

見切りが遅いから、バックヤード在庫が増え、売場のエンド回転率が悪くなるのです。

「売り切らないのは店舗の責任」と本部のバイヤーは思っていませんか?

バイヤーには「在庫高責任」があるのです。

特にグロサリーや日用雑貨の「売り切る力」の基準を上げるには、バイヤーの早めの指示が必要になってきます。

これができないと、バックヤード在庫ゼロも実現できないし、エンドの回転率も上がってこない。

もちろん、「消費期限」商品を中心に取り扱っている生鮮部門やデリカ部門、日配品部門はなおさらのことです。

バイヤーは「決断」してほしい。

「1日も早く店舗から『3割引き』『半額』シールをなくす」ということを。

「売り切る力」を上げる方法の一つ。それは、今までの「値引き基準」を大胆に改善・改革し、「2割引き」以上の値引きシールを排除することです。

それを実現可能にしたとき「店舗力」が飛躍的に上がってくるはずです。

「計数把握力」は全社員共通のスキル！

「計数管理」はとても大事なことです。

しかし、「計数管理」だけでは残念ながら「店舗力」基準は上がらない。

もっと言うと、一部の人間の「計数の意識化」だけでは、売上げも荒利益高も生産性も上がらない。

「経営の巨人」といわれるP・F・ドラッカーはこう言っています。

「**マネジメントは生産的な仕事を通じて、働く人に成果を上げさせなければいけない**」

そして、こうも言っています。

「働きがいを与えるには、仕事そのものに責任を持たせなければならない。そのためには、

①生産的な仕事

②フィードバック情報

③継続学習が不可欠である

「働く人たちに成果を上げさせなければいけない」ということは、「成果が上がっているか、否か」を教えてあげなければいけない。

それは、「売上高・荒利益高・生産性」の数字を伝えるということですよね。

そして、「どうしたら、その数字が改善するか?」を教えてあげたり、学ばせたりする。

これが「継続学習」であり、それがもとになって「生産的な仕事」が生まれる。

ここで、店長に質問!

「仕事と作業の違いは何ですか?」

小生はこう考えています。

「作業は結果(成果)を問われない」

「仕事は結果(成果)を問われる」

ということは、「結果(成果)を意識しながら業務に当たることを仕事という」と思うのです。

ですから、P・F・ドラッカーの言う「生産的な仕事」とは「結果（成果）、すなわち売上高・荒利益高・生産性などの数字を意識させて業務に当たらせる」ということですよね。

よって、店舗で働いている全員が「計数を〝把握〟すること」が大切。

その計数とは「売上高」「差益高（荒利益高）」そして「人時生産性」です。

店舗全体の数値を把握しなくてよい。自分の担当部門、部署だけでもよいのです。

全員が「現状を数字で把握している」企業と、一部の社員が「現状を数字でマネジメントしている」企業ではこのスピードの時代、どちらが勝つと思いますか？

小生は、全社員が「現状を数字で把握している」企業が勝つと信じています。

「荒利益高発想」の発注や「バックヤード在庫ゼロ」の実現、そして「売り切る力」の基準アップ、さらに「生産性の向上」は〝全社員の意識化〟が強ければ強いほど実現する可能性が高くなるからです。

一部の社員の「計数マネジメント」だけではもう限界がきています。

「衆知の運営」こそ「店舗力」アップの原点なのです。

数字を把握すると「楽しく」なるときもあるし、「苦しく」なるときもあります。

数字はうそをつかないからです。

でも〝目標〟も数字で立てると〝やる気〟が出る。

〝改善〟も数字で把握すると「やる気」が出てくる。

〝団結力〟も数字で共有化すると「強固」になる。

「数字を理解し、その数字を改善するにはどのようなことをしたら改善できるかを考え実行する力」――、これが「計数把握力」です。

それを全社員の共通のスキルとして義務付けることにより「店舗力」の基準が飛躍的に上がってくるのです。

〝4つの力〟を求められる〝新〟店長像

今までの店長像。

それは「店舗で確実に荒利益率を確保し、コストを最小化する」〝マネジメント力〟が理想像でした。

しかし、ここ近年、店長の「理想像」が変わりつつある。どう変わりつつあるのか？

「マネジメント能力」に加えて「コミュニケーション能力」や「コーチング能力」が要求されています。

言葉を換えると、それだけ企業における「店長」の役割がものすごく大きくなっているということです。

だからといって「店長がすべて」という風潮もおかしい。

だって、店長段階、店舗段階でできることは、必然と決まっているからです。

だから、その店舗段階でできる「基準」を具体的に上げていくのが店長なのです。

商品調達や評価面などは今までどおり本部がやらなければならない。

しかし、なぜか近ごろ「すべて店長」という風潮が出てきて「店長だけにはなりたくない！」という若手社員が多くなってきていると聞きます。

それは「店長＝激務」というイメージが強いためです。

そこで、「店長の基準力」をどのようにアップさせていくかにフォーカスし、「新たな店長像」を提案させてもらいます。

今までは「マネジメント力」の高い店長が素晴らしい店長と評価されてきました。

これは今後も変わらないと思いますが、それだけではこれからの「減の時代」では通用しません。

1.「問題発見力」

小生はこの「マネジメント力」以外に4つの力が必要だと考えています（次頁**図表⑫**）。

図表⑫　店長の5つの力

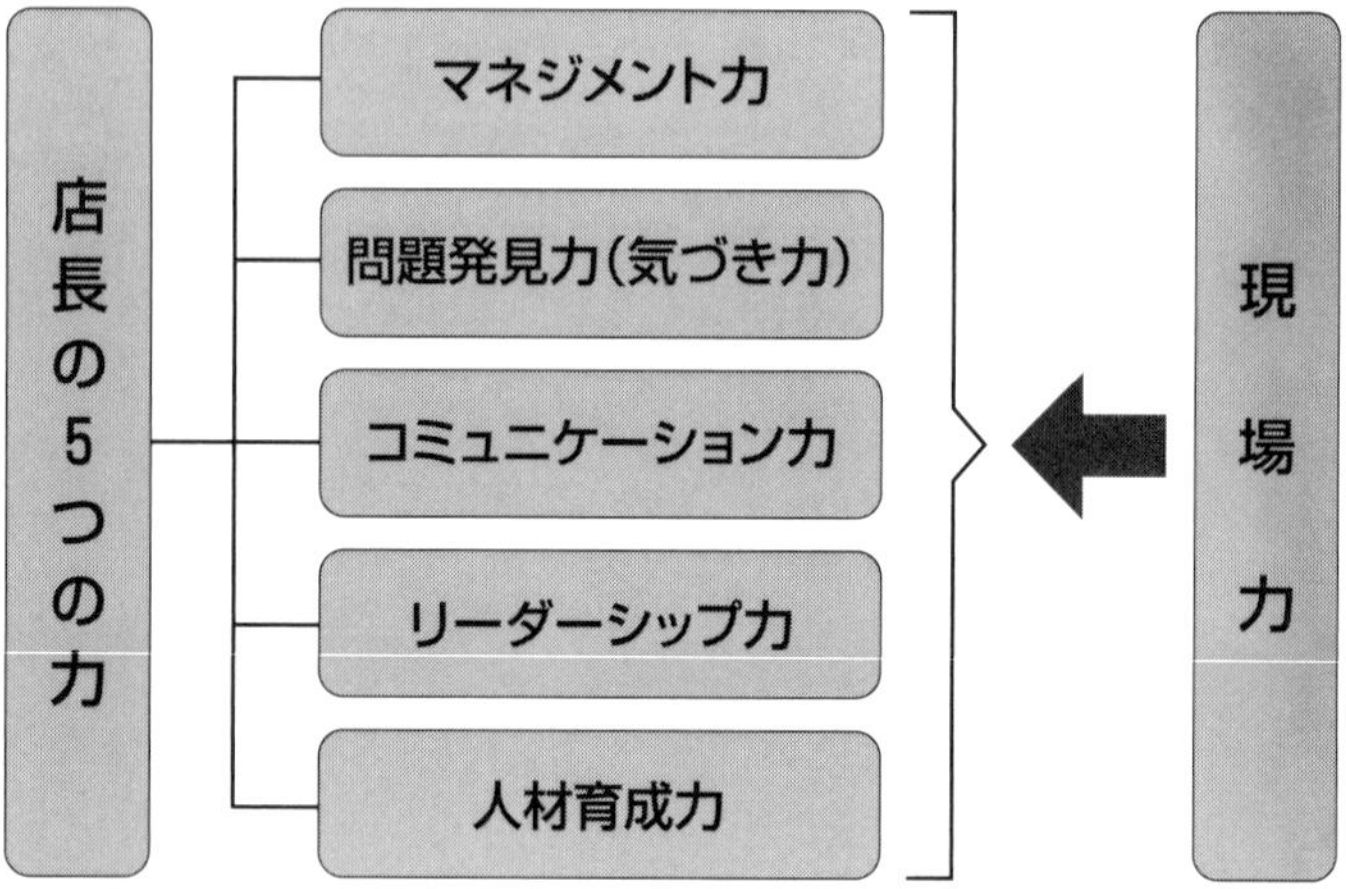

言葉を換えると「気づき力」。この不況期に実績を挙げている店長の共通項がこれです。

とにかく、「気づく力」がすごい。些細なことでもすぐに「気づく」。

なぜか？　それは、常に「**お客さま目線**」で店を見ているからです。

どうしても店長は「販売側の目線」で店を見がちですが、「問題発見力（気づき力）」の高い店長は常にお客さま目線で店を見ている。

「WHY（なぜ）？」と店を回りながら自分自身に問いかけているのかもしれません。

では、どうしたら「問題発見力（気づき力）」を高めることができるのでしょうか？

それは「知識×情報」を常に高めることしかありません。

「知識×情報」を高める環境づくり

よく小生はこんな声を聞きます。

「私はグロサリー上がりだから生鮮はわからない」

「専門知識がないので、部門の細かいことはあまりわかりません」

「技術や技能がないので深く部門に入り込めない」。こんな店長が多いのが現実。

「**そんな考え方なら店長としての資格なし！**」と小生は言います。

少なくとも、自分の店が取り扱っている「商品知識」くらいは勉強しなさいってね。

自動車の販売店（ディーラー）の店長が「私は車の専門知識がないからわかりません」って言いますか？

飲食店の店長が「私は料理していないので、料理のことはわかりません」と言いますか？

それと同じことなのですよ。店長はもっと得意でない部門の勉強をすべきなのです。

少なくとも担当者と「対等」に話せる知識くらいは持っておかないと担当者に「なめられて」しまう。

ですから小生のコンサルティングは、店長は小生の全部門の研修会（勉強会）に参加することを義務付けています。

そこでしっかりと「部門の知識」を勉強してもらうためです。

決して〝専門〟でなくてよいのです。〝知識〟を店長は勉強しているというのが大切。

でなければ「問題発見力（気づき力）」なんて高まりません。

そしてもう一つ。「情報」です。

店長にもっと情報が入りやすくしなければいけません。

「これからは現場力だ！」と言っている割には、教育投資は本部とバイヤーばかり。

もっと店長に対し、教育投資すべきです。特に外部（他企業）との交流をさせるべき。

小生は「**やる気と感動の祭典**」というセミナーを年3回開催しています。

毎回500人以上が参加する、スーパーマーケット業界最大集客を誇るセミナーです。

なぜこんなにみんな集まるか？ それは、「現場の生の声」「現場の成功事例」「現場の情報収集」「現場の情報交換」の場があるからです。

店長をはじめ、現場の人間は、外部（他企業）との交流を望んでいるのです。

これからは「現場力」の時代です。

だから、現場の方々がどんどん外部（企業）と交流できる場をつくってもらいたい。

みんな「刺激」が欲しいのです。

実際、全く競合しない店長同士の情報交換はものすごい「お宝情報」交換になっていますし、それが新たな「気づき」につながってきます。

ですから、これからは店長の「知識×情報」を高める環境づくりや教育投資が大切ですよと提唱しているのです。

理念を理解していない店長は信頼されない

2. コミュニケーション力

これについては「スーパーマーケットのブルーオーシャン戦略」で詳しく述べていますので、本書では「間違ってはいけないコミュニケーション力」についてお話しします。

小生は常々、「優秀な店長とそうでない店長の差は何か？」と考えていたんですね。

そして結論が出たのです。

それは「経営理念」を理解しているかいないか、「信念」を持っているかいないかということでした。

やはり経営者と同じくらい〝熱い思い〟で経営理念を部下に語れる店長は信頼されます。

会社の理念や社是を全く理解していない店長は全く信頼されない。

特に「子育て」をされている（されていた）女性の方々には全く信頼されない。

「母は強し」です。どんなに「弁の立つ」店長でも、経営理念を語れない店長や会社の批判をする店長の話は聞いているようで聞いていない。

ですから、意外と「弁の立つ」店長ほどコミュニケーション力がないということが往々にしてある。

店長は、徹底的に経営者が「経営理念」を語るときの「言い回し」や「ボディアクション」「言葉のトーン」を観察し、モデリングしてください。

そうすれば必ず部下の信頼を得られます。

次に「信念」です。経営理念や方針を深く理解した上で「おれはこんな店をつくりたいんだ！」という信念を持ち、それを常に部下に伝えることが大切です。

これを「繰り返しの効用」と言います。

キリストも、お釈迦《しゃか》様《さま》も、孔子も、ガンジーも…。世に名を残した人たちは「信念」の

「繰り返しの効用」を行ってきたのです。

自分の〝意見〟を言わないで他人の〝意見〟だけ聞くことを〝コミュニケーション〟という人がいる。これは間違いです。

自分の「信念」を持ち、それを事あるごとに語り続け、その中で〝コミュニケーション〟を図っていくこと。

これを「コミュニケーション能力」といいます。

「店長は店の経営者である」と言われる。ならば「信念」を持たなければいけません。

コミュニケーションってものすごく難しい。しかし、この能力を高めない限り「店舗力」や「現場力」を高められないのも事実なのです。

感情的な「怒り」は部下の信頼をなくします

3. リーダーシップ力

当たり前ですが優秀な店長は、「リーダーシップ力」が高い。

では「リーダーシップ」って何でしょう?

小生が何千人という店長を見て感じた「リーダーシップ力」とは…。

▼「成果は部下！責任は店長！」という考え方を持っている

▼「褒めて使えば部下は3倍働く」という考え方を持っている

▼「常にポジティブ（積極的）」に物事を考えている

▼良い意味の「喜怒哀楽」がある

ではないかと思います。

リーダーシップって古い言葉で言うと「おれについてこい！」ということですよね。

これって逆に考えると、その「おれ」がどれだけ常日ごろ信用されることをしているかということの裏返しですよね。

そのためには、「手柄」は部下にあげること。些細なことでも部下を「褒めて」あげることが大切です。

そして「ポジティブ」な考えを持つこと。

店長が「否定的な考え方」「否定的な言葉」を発したら終わり。

とにかく「まだまだ…」「もっともっと…」「大丈夫、大丈夫…」という考え方や言葉を常に発していることが大切。

そして最後に良い意味の「喜怒哀楽」を出すことです。

・しかるときは本当に本気で〝しかる〟

・うれしいときはボディアクションしながら〝大喜び〟する
・悲しいときは〝涙を流すぐらい〟悲しむ
・楽しいときはみんながびっくりするぐらい〝楽しむ〟

どんな部下でも、心根の部分では「店長を悲しませたくない」「店長を喜ばせたい」というぐらいの良い意味での〝感情〟を持ち合わせているものです。

ところが、楽しいときも、うれしいときでも「ポーカーフェース」の店長では部下は「心が動かない」のです。

人間は誰しも自分が喜ぶことよりも、他人を喜ばせることの方が何十倍も価値があることを本能的に知っています。

だから「喜怒哀楽」って店長のリーダーシップ力には不可欠だと思うのです。

ただしここで注意！「怒る」のはダメです。

「怒る」と「しかる」は違います。「しかる」とは、「相手に良くなってほしい。気づいてほしい」という思いから、心を鬼にして苦言を言うこと。

「怒る」とは、「自分の感情をぶつけること。感性で苦言を言うこと」。

同じ苦言を言うのでも全く違います。

感情的な「怒り」は部下の信頼をなくしますからご注意を…。

失敗したときに原因を〝一緒に考えてあげる〟

4.人材育成力

リーダーシップのある店長は「人材育成」が非常にうまい。

「人財創生工場だ」といわれる店長がいる。

「この店長に任せれば大丈夫」という会社から絶対的な信頼を得ている店長がいる。

そんな人材育成力のある店長の共通項は…。

- **失敗してもいいからどんどんやらせる**
- **失敗したときにその原因を一緒に考える**
- **再度高い目標で挑戦させる**
- **良い結果が出たときは褒めちぎる**
- **学ぶことの重要性を言い続ける**

「失敗してもいいから」はもう当たり前。

ポイントは失敗したときにその原因を〝一緒に考えてあげる〟ことです。

これが人材育成で大きな差になります。

そして再度、〝高い目標〟に挑戦し、達成したときは〝褒める〟ではなく〝褒めちぎる〟ことが大切。部下が恥ずかしくなるぐらい褒めちぎる。

そして「学ばなければすぐに壁にぶつかる」と言い続ける。

人間性を高めるために、学ぶことの重要性を言い続け、時には自分が学んでいる書籍などをプレゼントするくらいでないといけない。

こういうことをやり続ければ必ず人は育つのです。

アメリカの名経営者の一人、J・ウェルチはこんなことを言っています。

「適任者を選び、羽を広げられる機会を与え、キャリアとして報酬を与えてやれば、人を管理する必要なし」と…。

まさしくこの言葉と同じですよね。皆さん、ぜひこの「人材育成」法をモデリングしてみてください。

「店舗力」とは、店舗段階でできるあらゆる「基準」を上げていくことです（次頁**図表⑬**）。

でも「基準」を上げるって大変です。

今までの「基準」に考え方や体が慣れ親しんでいるのですから。

そこで店長の「リーダーシップ力」が問われるのです。

図表⑬　店舗でできる「基準」アップ項目

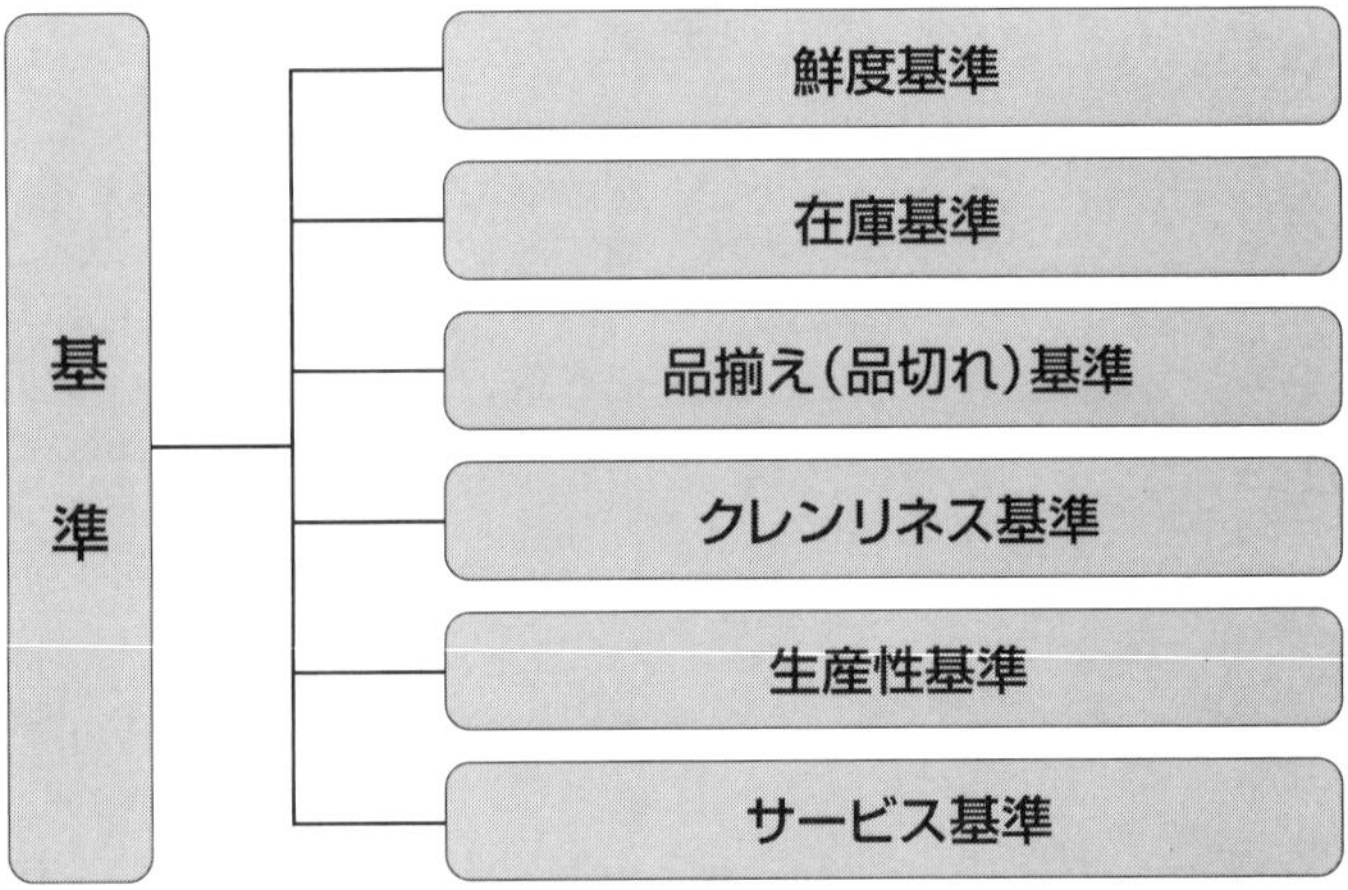
基準
鮮度基準
在庫基準
品揃え（品切れ）基準
クレンリネス基準
生産性基準
サービス基準

図表⑭　「基準アップ」へのステップ

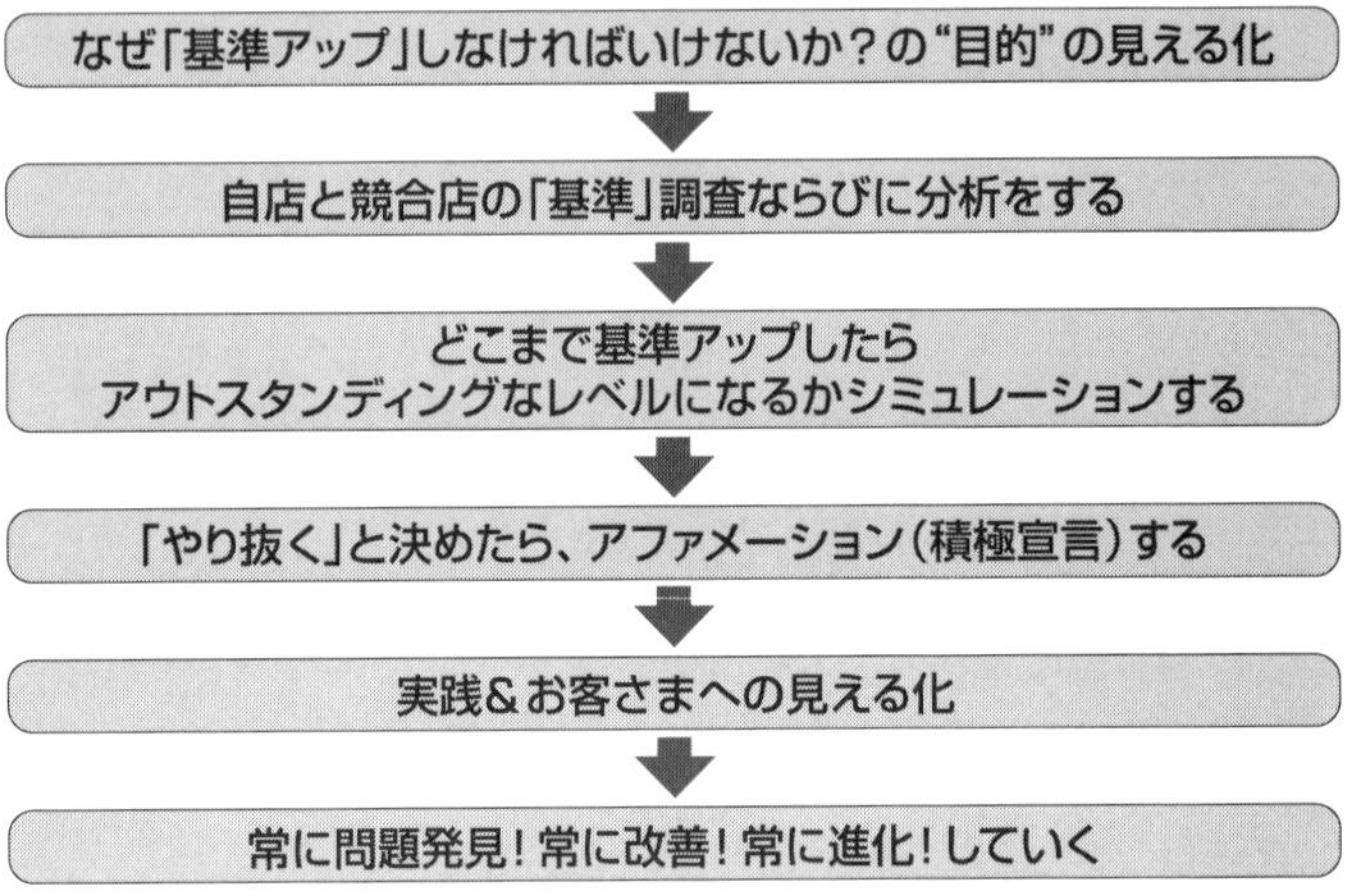
なぜ「基準アップ」しなければいけないか？の“目的”の見える化
自店と競合店の「基準」調査ならびに分析をする
どこまで基準アップしたら
アウトスタンディングなレベルになるかシミュレーションする
「やり抜く」と決めたら、アファメーション（積極宣言）する
実践＆お客さまへの見える化
常に問題発見！常に改善！常に進化！していく

「安さ」や「品揃え」「売場面積」は〝目に見えるモノ〟です。

しかし、これからの時代はすぐに〝目に見えないモノ〟の競争になってくると確信しています。なぜか？

「減の時代」になればなるほど「購入時の目」が厳しくなるからです。

「安かろう悪かろう」の商品やサービスはすぐに見抜かれます。

だから「基準」を上げていかねばならないのです。

できれば他企業がまねのできないレベル、いわゆる「アウトスタンディングなレベル」まで持っていくことを目標にしてほしい。

そのためには**図表⑭**のようなステップで「基準」アップに取り組んでみてください。

このステップで多くの企業が「基準アップ」できています。

「山は大きくならないが、私はもっと成長する」

「基準アップ」づくりのポイントは「アファメーション（積極宣言）する」です。

「基準を上げたいな〜」では絶対に上がらない。

「何が何でもほかがまねのできないレベルまで基準を上げ続ける」と積極宣言するので

す。

というのは、基準をアップしようとすると、必ずいろんな問題が出てくるからです。

逆に、問題や障害の発生しない基準アップは大したことはない。

登山でいうと１０００m級の山に登るのと、富士山に登るのと、エベレストに登るのでは全く問題や障害の基準が違ってきますよね。

これと同じ。皆さんはどの〝山〟に挑戦しますか?

エベレスト登山に初めて成功したエドモンド・ヒラリー卿は、エベレスト登頂に一度失敗しているのですが、そのときエベレストの写真に向かってこうアファメーション（積極宣言）したそうです。

「**山はこれ以上大きくならないが、私はもっと成長する**」

「基準」アップは山登りみたいなもの。一歩一歩の積み重ねがいつしか誰もついてこられない基準になるのです。

「店舗力」はそう簡単には上がりません。コツコツ地道にやり続けることなのです。

第6章

店舗でできる〝減の時代〟対策

山は西からも東からでも登れる。
自分が方向を変えれば、新しい道はいくらでも開ける。

（松下幸之助）

生活者の消費行動パターンを理解せよ！

次頁の**図表⑮**を見てください。

これからの「減の時代」は、生活者の消費行動パターンは4つに分かれると思います。

1つ目は、「**安い商品しか買わない**」というパターン。

これはみんな知っているパターン。

よって、EDLPやPB商品の販売強化ならびにチラシの目玉商品のディスカウント性を高める。しかし、これでは結果は散々たるものとなります。なぜか？

まずは、「安い商品しか買わない」という行動パターンをじっくり考察してください。

「安い商品しか買わない＝一番安い店から買う」または「安い商品しか買わない＝一番安いときに買う」ということ。

「安い商品しか買わない」という行動パターンを取り込むには「一番安い」を見える化しなければならない。小生はこれを「一番化戦略」（次頁**図表⑯**）と呼んでいます。

そして、安さがお客さまに3秒でわかるようにする。

例えば、チラシの打ち出しを「日替わり特価」から「地域一番の安さに挑戦」に変える。

図表⑮　「減の時代」における4つの行動パターン

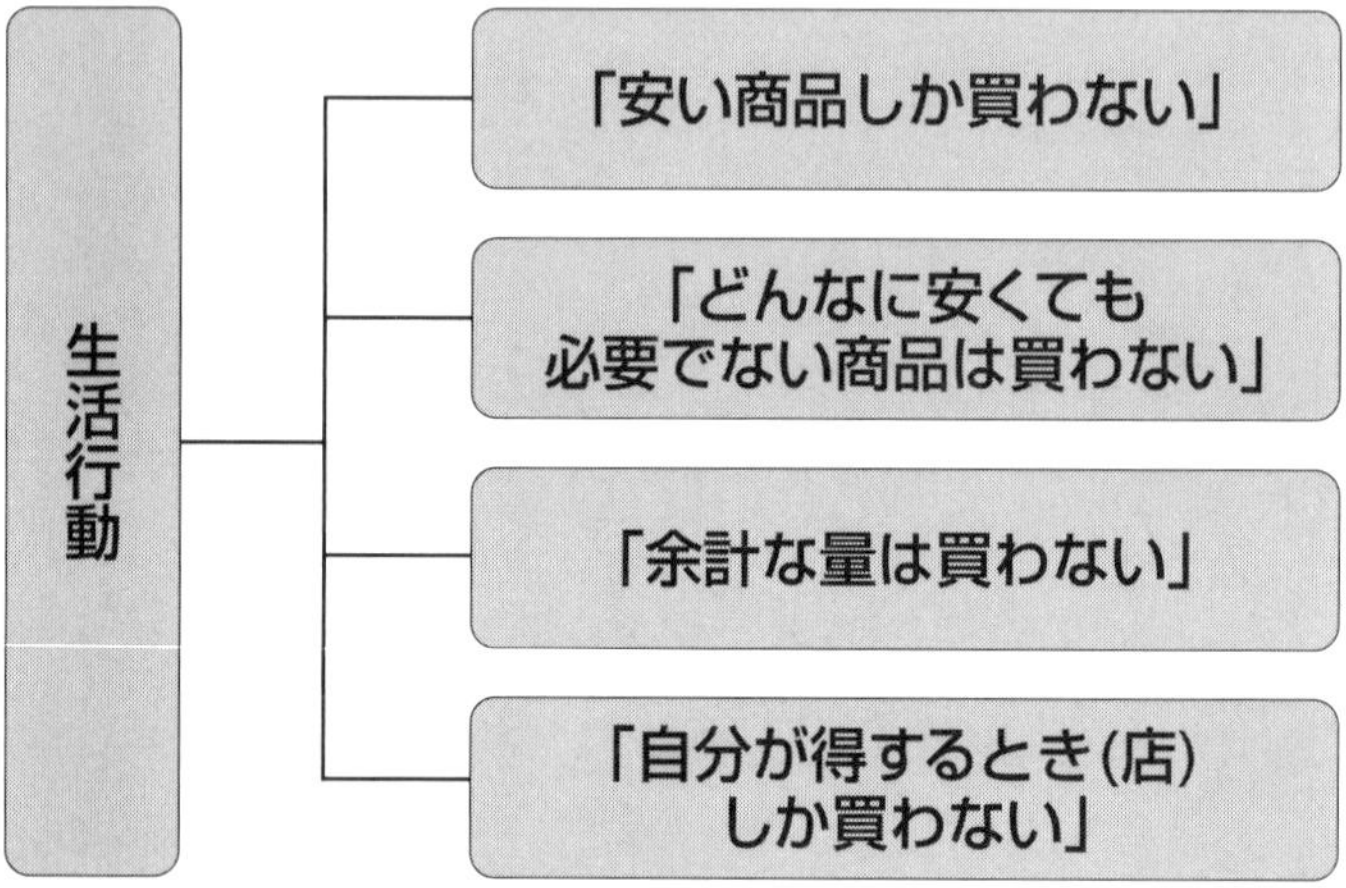
生活行動
「安い商品しか買わない」
「どんなに安くても
必要でない商品は買わない」
「余計な量は買わない」
「自分が得するとき(店)
しか買わない」

図表⑯　「一番安い」を見える化するには

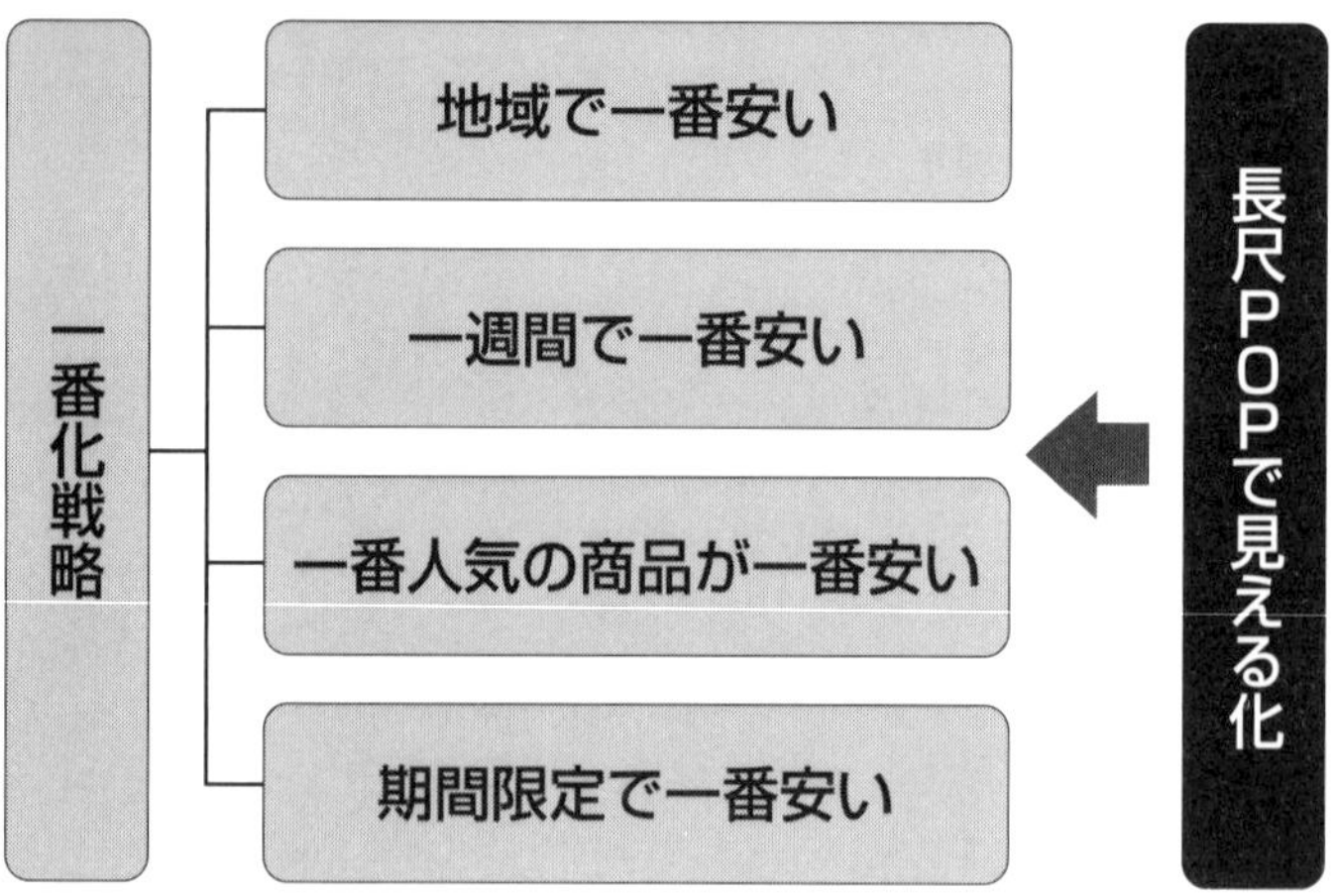
一番化戦略
地域で一番安い
一週間で一番安い
一番人気の商品が一番安い
期間限定で一番安い
長尺POPで見える化

または、店内では「長尺ＰＯＰ」などを活用して、「一番化戦略」の視認率を上げる。

中途半端な安さのＥＤＬＰ戦略など、これからの「減の時代」には全く通用しない。ただただ荒利益率や一品平均単価を落とすだけ。

もしも集客や買上点数アップを狙うなら、ＰＩ値（purchase index＝客数に対する商品の販売数）の高い商品や価格弾力性の高い商品またはカテゴリーを〝戦略的〟に「一番安い」（一番化戦略）と見える化することです。

それを「定例化」すればなお良し。購買行動の習慣化につながるからです。

それが2つ目の、「**どんなに安くても必要でない商品は買わない**」という行動パターン。

現場担当者はもうすでに実感していると思います。

だから「必要性の見える化」や「価値の見える化」をしなければならない。

これを「コト販売」と言います。

「スーパーマーケットの新常識」を読まれて、このコト販売に真剣に取り組まれた企業は、買上点数において今回の消費不況期の荒波を全く受けていない。

コト販売ってものすごく大事なのです。でも皆さん言われます。

「なかなかコトを考えるのが大変で」と…。

そりゃそうです。大変なのです。だから他店がまねできないのです。

「考える力」のない企業や現場力のない企業は実践が難しいのです。

しかし、この「コト販売」って、実はとても簡単なのです。そのコツとは…。

販促する商品には、一つ一つ販促する理由が必ずあるはずです。

それを素直に書けばよいだけなのです。

その理由がお客さまの感情の〝琴線〟に触れれば買っていただけるのです。

でも、安さは〝金銭〟に触れるので一番安くないと買われませんよ（笑）。

お客さまの「得」を見える化してますか？

さて、消費不況下3つ目の行動パターンは「**余計な量は買わない**」。

だから「少量パックだ！」、ではない。

「余計な量」と思わせないことが大切。「量目」や「割安感」を見える化して、お客さまに余計な量と思わせなければ「少量パック」の戦略をとらなくても大丈夫なのです。

- **「～人前」の見える化**
- **「用途の広さ」の見える化**
- **「安いときにまとめ買い（使い道がある商品）」の見える化**

こうすると「少量パック」どころか「大容量パック」が売れてくるときがあります。

「余計な量を買わないから、少量パックの品揃えを強化しろ！」という政策。

「余計な量を買わないからこそ、量目の見える化や用途（使い道）の見える化をし、単価ダウンを防いでいく」という政策。

あなたはどちらを選びますか？

最後に、4つ目が「**お客さま自身が得するとき（店）しか買わない**」。

これも現場で実際に働いている方なら実感されていると思います。

「ポイントカード○倍セール」時の売上構成比がどんどん高まる現象がこれです。

まさしく、これが「お客さま自身が得をするときしか買わない」典型的な現象なのです。

では、その対策は…。

PI値の高い商品や価格弾力性の高いカテゴリー（商品）を週間定例販促する。

そして、それを徹底的にお客さまに「見える化」することが肝です。

「今日は○○が地域で（1週間の中で）一番安いわ～」というイメージを植え付ける。

そのためには見える化が必要不可欠。

それも「今日の定例販促」を見える化するだけでなく、「明日以降の定例販促」を見える化すること。

「野菜の日」「肉の日」「魚の日」という定例販促ではダメ。

抽象的過ぎて「得する店」というイメージを植え付けられない。例えば、

「牛肉を地域で一番安く売る日」

「野菜を100円で50アイテム以上販売する日」

「マグロが地域で一番安く買える日」

などお客さまが「得しそう」と思えるタイトル。それを曜日を決めて定例販促する。

地域のお客さまにとって「得する」店づくりができているかを検討することは大事です。

「お客さまにとって、この商品（企画・イベント）はこんなにお買い得ですよ」ということが見える化できている商品や企画・イベントが皆さんの店舗ではどれだけありますか？

実はこの「減の時代」に繁盛している店は、「得する」ことがちゃんと見える化できているのです。

ヒトに〝情報〟を与え〝知識〟を付けさせる

図表⑰を見てください。

図表⑰　消費不況対策「ヒト・モノ・コト」

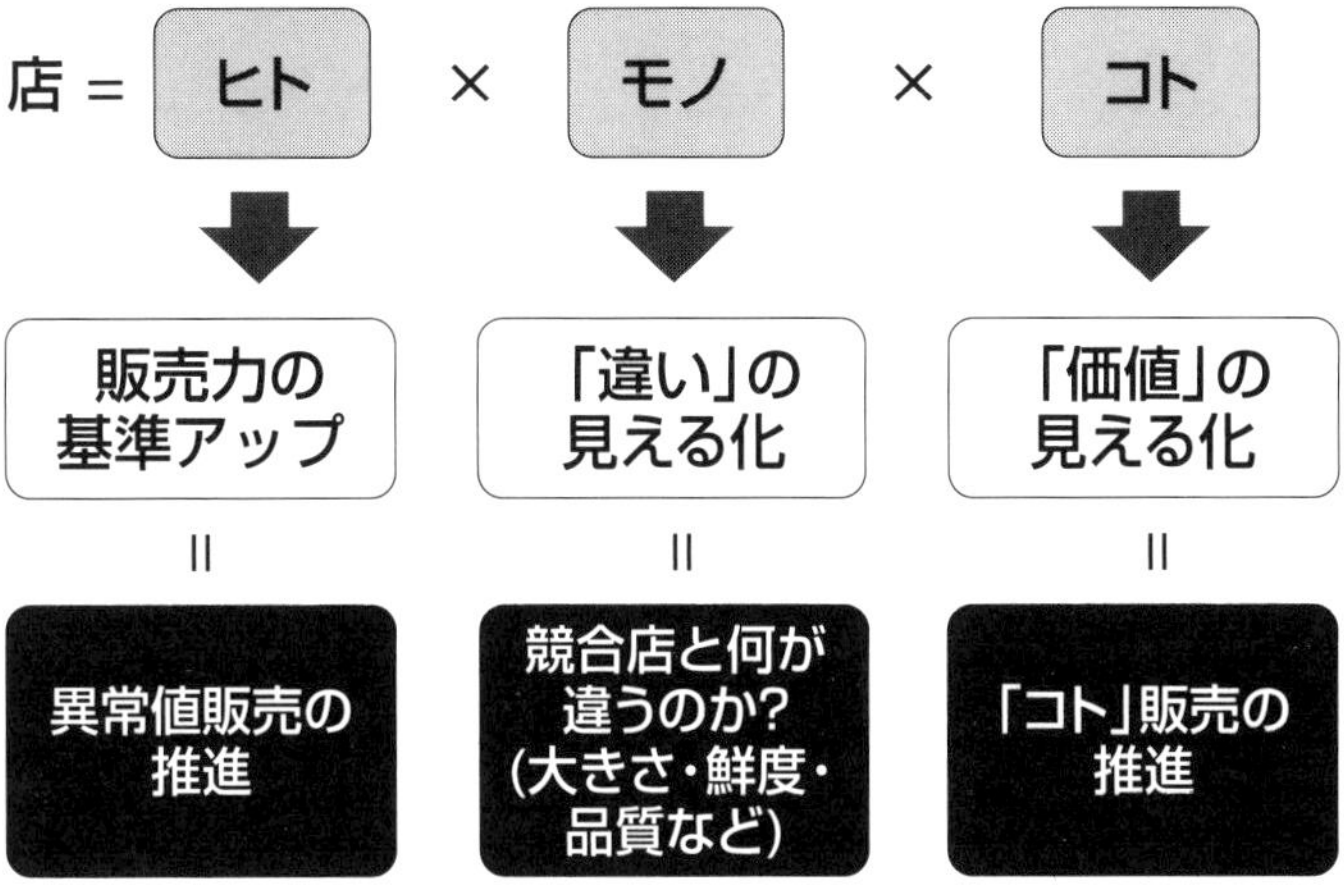

図表⑱　ヒトの基準

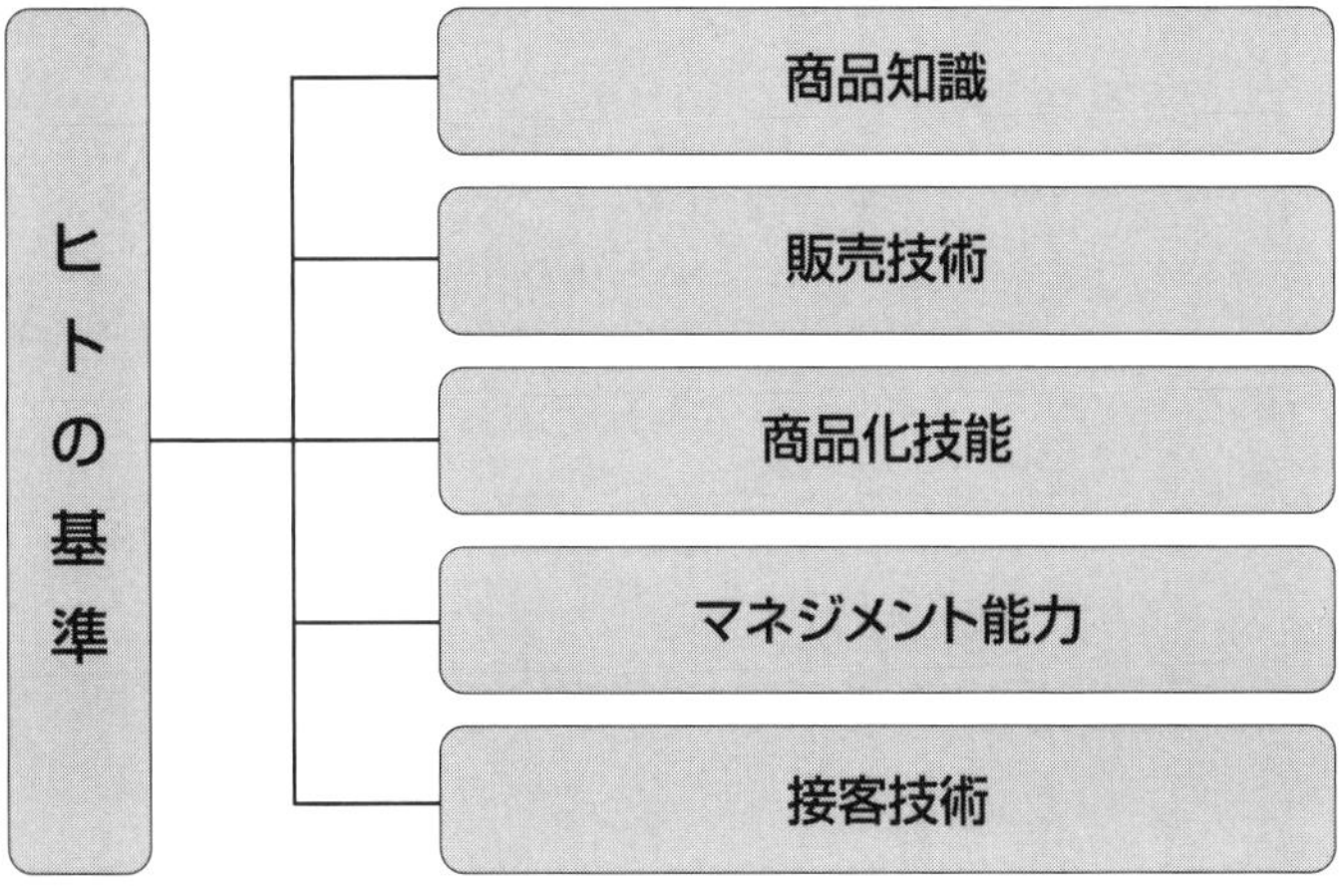

店は「ヒト」と「モノ」と「コト」の集合体で成り立っています。

ということは、この3つの基準を徹底的に上げていくことも「減の時代」の対象になります。

a.「ヒト」の基準アップ

ヒトの基準は、大きく分けて5つあります（**図表⑱**）。

このすべての基準を上げるには、すごい「投資」がかかります。

しかし、どんどん「ヒト」に投資し、基準を上げていかねばなりません。

そのためには、「資格制度」導入が一番だと思います。

人間は「認めてもらえた証」が欲しいのです。それが「資格」。

社内でしか通用しない「資格」でも構わない。「学ぶ環境」づくりが必要なのです。

「情報×知識×体験×環境（雰囲気）」がヒトの基準を段階的に上げることになります。

どんどん「学ぶツール」の〝情報〟を与え、〝知識〟を付けさせる。

そして〝知識〟を実践しなければならない環境づくり。いわゆる「社風」づくりを徹底する。

そうすれば「ヒト」の基準アップにつながってきます。

これからは、「ヒトがすべて」の時代が来ます。「ヒト」にどれだけ投資したかで企業力が決まるとまでいわれます。

でも、ひとりでに基準が上がることはないのです。

「店舗力」や「現場力」を上げたければ、まず「ヒト」への投資を積極的に行い、「ヒト」の基準を上げていくことです。

実際、小生が主宰している小売業専門インターネット教育サイト「商人（あきんど）ねっと」(http://www.akindonet.com) は、2010年6月現在、法人会員200社、個人会員約2000名の登録があります。

もう既にそういう「ヒト」への投資を行っている企業や個人がいることを忘れないでください。

b.「モノ」の基準アップ

モノの基準アップとは、今までの品揃えの深みをもっと深くするということ。

しかし、「価格訴求商品」はしょせん、価格面でより安くするということであって、基準はあくまでも「競合店」にあります。〝競合店より必ず安い〟が条件となる。

では、「量販商品」はどうか。いわゆる「売れて儲かる商品」。

この基準は「販売力」にあります。

前述したように「発注力」強化や「異常値販売」への挑戦をすることにより、量販商品の売上構成比を高めていくことなのです。

量販商品の構成比を上げ、荒利益が改善できれば、「価格訴求商品」をより一層安くできる。

ここをしっかり理解していないバイヤーや店長、担当者（発注担当者含む）が多い。

だから、価格訴求商品ばかりフォーカスして、荒利益率と荒利益高の低下を招いている。

ですからこれからの「減の時代」はこの「量販商品」にフォーカスしていくことがとても大切なのです。

コト販売の「コト」にも旬がある

c.「コト」の基準アップ

皆さんご存じですか？「コト」にも旬があるということを…。

今までは、「商品特性」を見える化すれば良かった。

しかし、今や「商品特性」の見える化だけでは通用しなくなっているのです。

今は、「商品の価値があるのはわかるけどちょっと高いわよね…」といったお客さまの〝声なき声〟があるのです。

だから、「価値があってなおかつ割安」の見える化や、「この商品を買うことにより、お客さまやお客さまの家族がこんなにハッピーになりますよ」という〝心の豊かさ〟を見える化していかねばならないのです。

次頁の**写真②③**は消費不況期のコトＰＯＰ事例。

コト販売も、その時々によって進化・深化していかねばなりません。

いわゆる「旬」があるのです。

これを理解しているのと、いないのでは大きく結果が違ってきます（次頁**図表⑲**）。

このコト販売のことでもっと言えば、皆さん、価格訴求するときに「安く売る」ことを心掛けていませんか？　それでは売れませんよ。

１６７頁で消費不況期のお客さまの〝消費行動パターン〟をお話ししました。

「安い商品しか買わない」

「どんなに安くても、必要でない商品は買わない」

「余計な量は買わない」

「お客さま自身が得するとき（店）しか買わない」

だからこそ、ただ単に「安く売る」のではなく「安さの見える化」をしていかなければならないのです。

本日しいたけステーキ
どんこ計り売り
高い……比べると
4割安!
どんこ
80g 1029円
80g 650円
国産どんこ

写真②

②パートさんに教えてもらったヒット商品
干ししいたけ
ご存じですか?
花田店がおすすめする ダシは捨てずにフル活用で旨さ倍増!
旨味が約30倍!
約7.5倍
干し椎茸の戻し汁もうまく活用!
だしを合わせるとおいしくなるのはなぜ?
約30倍
カツオ節のうまみはイノシン酸 昆布のうまみはグルタミン酸
2つを合わせるとうまみはグルタミン酸の 約7.5倍
さらに干し椎茸のうまみグアニル酸を合わすと 約30倍

写真③

図表⑲　コト販売の進化

好況期のコトの“定義”
コト情報メッセージ
お客さまが知りたいコト
お客さまが知らなかったコト
お客さまの興味のあるコト
料理用途が広がるコト
健康・美容に関するコト
減の時代のコトの“進化”
コト情報メッセージ
お客さまが知りたいコト
お客さまが知らなかったコト
お客さまの興味のあるコト
料理用途が広がるコト
健康・美容に関するコト
割安感の見える化
“心の豊かさ”の見える化
節約感の見える化
希少性の見える化
深化してきている!!

「どれくらい安いですよ～」を見える化してあげること。
これを忠実に実践している企業があります。「オーケーストアー」さんです。

「なぜ安く売れるのか?」を知りたい

小生が知る限り同社が一番「安さの見える化」ができています。例えば…、

①「**オネスト（正直）カード**」

これは典型的な「安さの見える化」の方法。〝今年は豊作でミカンが例年より約3割も安い〟などの表現がたくさんありますよね。これこそ、「相場の見える化＝安さの見える化」そのものなのです。

②「**プライスカード**」

「～割安」や「税抜価格・税込価格」の見える化。これもまた「安さの見える化」です。

③「**最低価格保証宣言**」

いわゆる「マニフェスト」であり、「安さの見える化」の徹底です。だからお客さまから圧倒的に支持されている。

ただ単に、「安く売っている」だけではないところがすごいのです。

図表⑳ 「安さの見える化」とは…

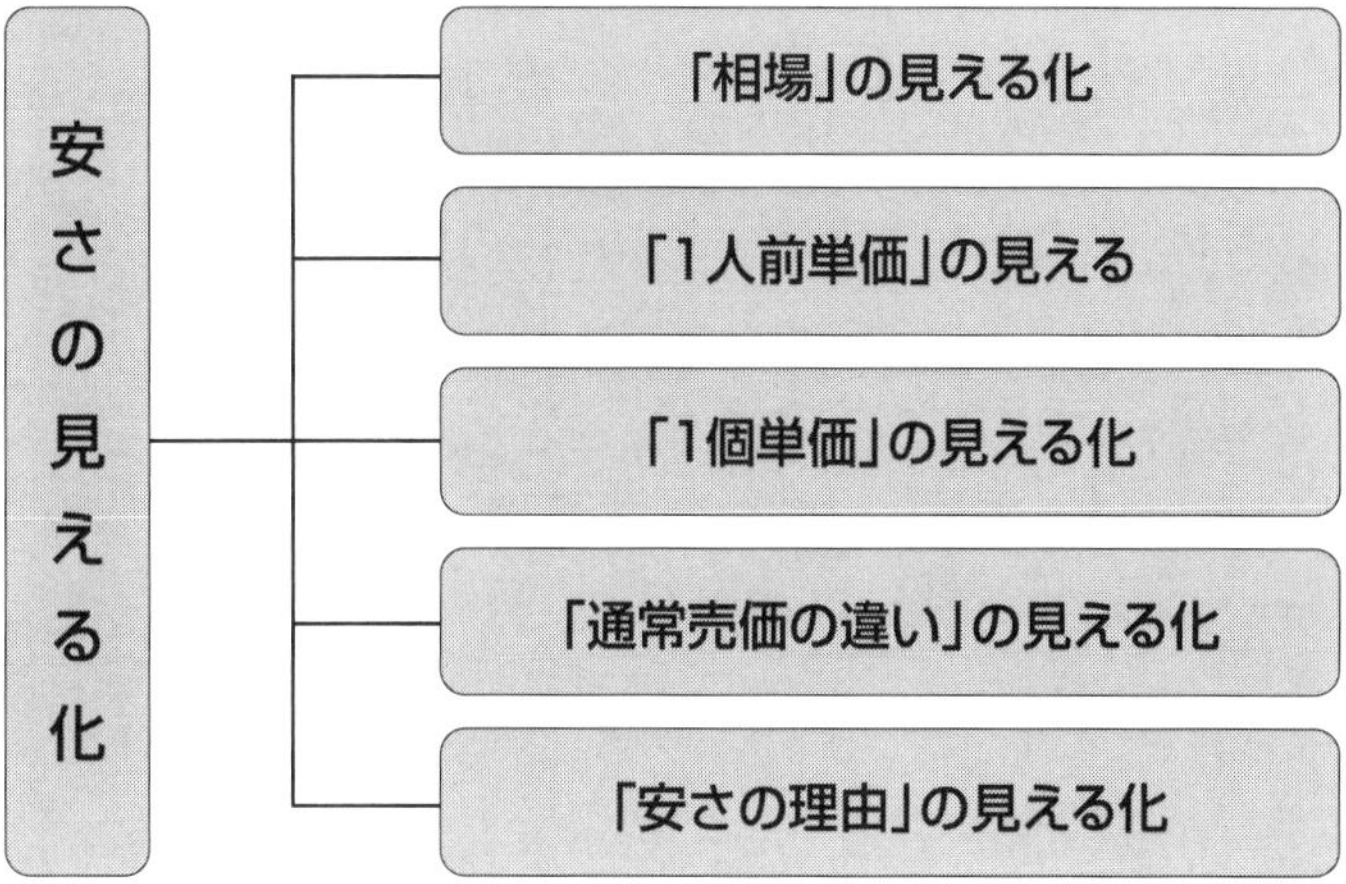

図表⑳のように、皆さんも「安さの見える化」に挑戦すべきです。

「なぜ、安く売れるの?」「どのくらい安いの?」をお客さまは知りたいのです。

その情報をしっかりとお客さまに伝えることが「安さの見える化」につながります。

そして、「楽しい店」づくりが「減の時代」において必要不可決です。

行動心理学的に言うと「人間は痛みを避けて、快楽を得る動物」なのです。

「収入減」や「不景気」という痛み。

「うちのお父さんの会社は大丈夫?」

「今年のボーナスは昨年より20%も少ないの…」

など、心の痛みを感じるわけです。いわゆる「ストレス」を感じるということ。

すると、必ず「ストレス発散」もしくは「ストレス解消」したいと考える。

ですから「楽しい店」にお客さまはついつい足が向いていく。

その現象が顕著に現れるのが「イベント」です。

「クリスマスぐらいは…」

「お盆ぐらいは…」

「土用丑の日ぐらいは…」

「一年に一度のお祭りのときぐらいは…」

というように、家族が楽しみにしているイベントのときは、コトで「楽しさ」提案をしていくことです。

「痛みを避けて快楽を得る」行動をとるのですから…。

「楽しい店」とは…。

「楽しい店＝ライブ販売・イベント」ということではないのです。

例えば、「安さ」にも楽しさがあります。「品揃え」にも楽しさがあります。

決して、イベントやライブ販売だけが楽しさではないのです。

「安く売る店」と「安さの見える化」ができている店では楽しさが違います。

また、「この商品、テレビで紹介されてたよね。地元に住んでいながら知らなかった！」

という品揃えの楽しさってあります。

「お客さまの立場」に立って自分のお店に〝楽しさ〟があるかどうかをチェックしてみてください。

それから、お店で働いている皆さんが仕事を楽しんで、失敗を恐れずにいろんなことに挑戦していかない限り、お客さまが楽しいと思える店はつくれません。

お客さまにとって商品だけを買いにいく店は楽しくないし、苦痛なのです。

商品とともに〝楽しさ〟がある店は楽しいし、また来たくなる。

昼間、だんなに内緒でホテルや有名レストランのランチを食べに行った奥さま方は、口々に店の出口でなんて言っていると思いますか？

「おいしかったね」とは言わないのです。

「楽しかったね」と口々に言っているのです。

「おいしさ」とともに「楽しさ」を食べに来ているのです。

だから、日ごろの食事の買物も同じ。「楽しさ」のある店には必ずまた来たくなる。

主婦は「モノ」を買っているのではありません。「食卓」や「家族の幸せ」を買っているのです。

「できるだけ少ない予算で、家族の食卓を豊かにしたい」と常に思っている。

だから「毎日の献立」に悩んでいる。そりゃそうです。365日分のメニューを考えなければいけない。1食、約3品と考えると、「365日×3食×3品」――、最高で3285通りの献立を考えなければならない。

ですから、悩むのです。ましてや、「節約」志向や「倹約」志向がますます強くなってくる。

どうしたら良いか?

まず**図表㉑**を見てください。

主婦は常に「食卓の豊さ」を実現したいと思っている。

ならば、それを「コト」で表現してあげることなのです。

「あのアールスメロンが1人前たったの170円で買えますよ。家族みんなの歓声が今にも聞こえてくるようです」

「今夜は寿司パーティ! 家族の会話の華が咲き乱れるかも…」

「サーロインステーキの半値でステーキが買えますよ。しかも、ヘルシー。

今日の夕食は、賢い買物で〝プチリッチ〟を演出してみてください」

「今日は、ひな祭り。1年に1度だけ、甘いものを食べることが許される日」

というような「コト」を見える化してみることです。

図表㉑　“買う気にさせる店”づくり

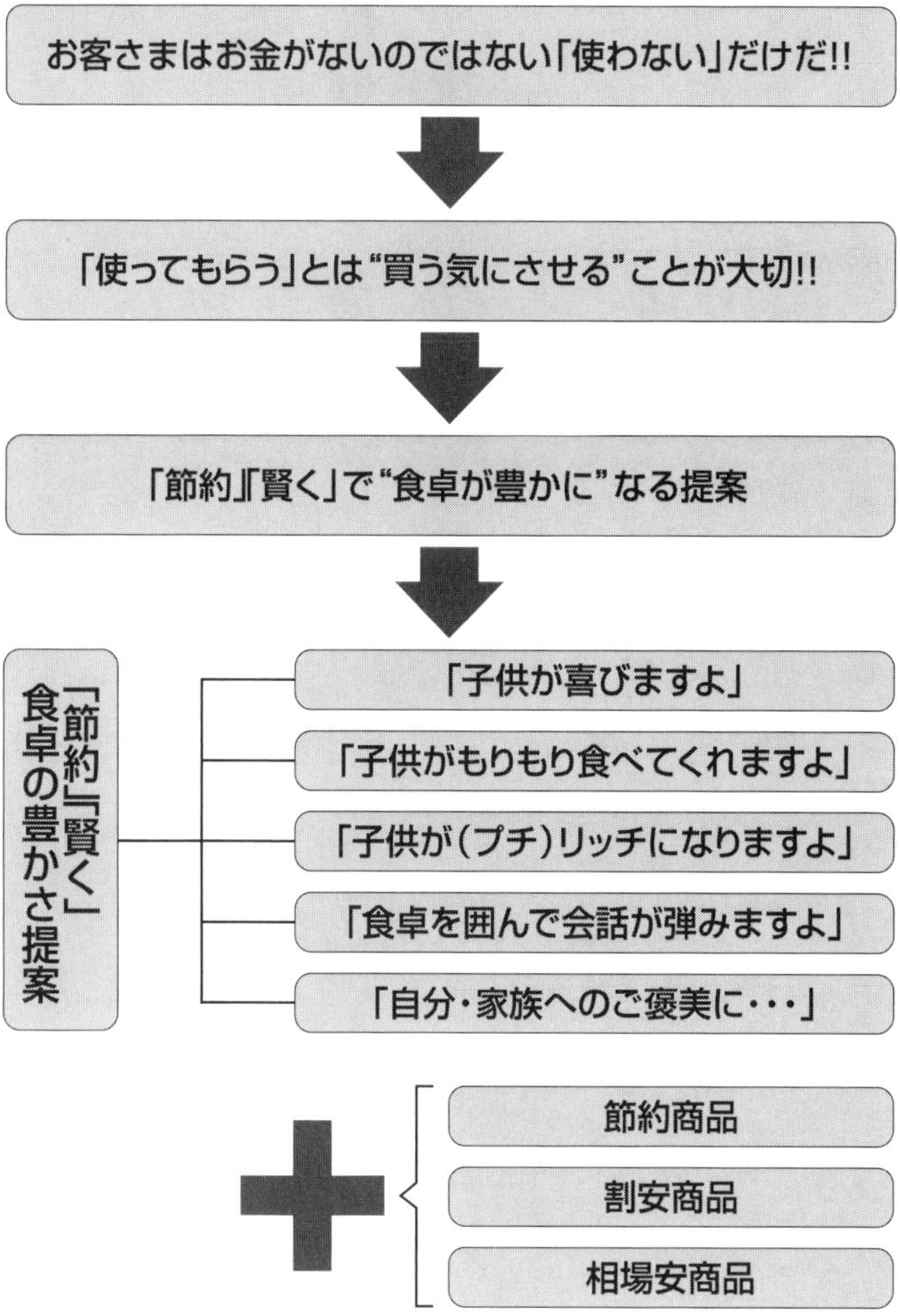
お客さまはお金がないのではない「使わない」だけだ!!
「使ってもらう」とは“買う気にさせる”ことが大切!!
「節約」「賢く」で“食卓が豊かに”なる提案
「節約」「賢く」食卓の豊かさ提案
「子供が喜びますよ」
「子供がもりもり食べてくれますよ」
「子供が（プチ）リッチになりますよ」
「食卓を囲んで会話が弾みますよ」
「自分・家族へのご褒美に・・・」
節約商品
割安商品
相場安商品

それに「節約（倹約）」「割安」「相場安」の見える化ができれば最高です。

男性は「モノ」や「特性」に価値を求めます。女性は「シーン」や「空間」に価値を求めるのです。

ですから、主婦は「モノ」を買っているのではなく、その商品での料理と、食卓のシーンを買っているのです。

「顧客満足力」が基準アップしていく

ウォルマートの店内にはこんな「スローガンボード」が天井からつるされています。

「You must be "satisfied" our policy guarantees it!」（お客さまは必ず満足しなければなりません。われわれのポリシーがお客さまの満足を保証します）

小生はこれからの「減の時代」の〝肝〟はこれだと思います。

では、「何を満足」させるべきなのでしょうか。

小生から、「3つの満足保証」を提案させてもらいます。

①「商品」での満足の保証

商品の満足って「安さ」だけではありませんよね。

「鮮度」「おいしさ」「品揃え」「安さ」の満足保証できる店づくりを目指したい。

例えば、こんなふうに…、

「お客さまの満足しない鮮度商品は喜んでお取り換えいたします」

「お客さまが満足できないときの商品は、喜んで返品・返金させていただきます」

「お客さまが欲しい商品は喜んで1品からでもお取り寄せいたします」

「競合店よりも高い商品がありましたら、喜んで値下げさせていただきます」

という「商品」での満足保証への挑戦です。

②「心」の満足の保証

これからは「モノ」の満足よりも「心」の満足度の方が高くなってきます。

ということは、この「心」の満足の保証ってものすごく大切になってきますよね。

ウォルマートでは、店内に入ると「ようこそウォルマートへ」と声を掛けられます。

その高級ホテルのドアマンみたいな人が「グリーター」です。

その「グリーター」さん。ほとんどが高齢者。その役割は…、

a.〝ようこそウォルマートへ〟と笑顔でお客さまを迎える
b.買物カートを手渡しする
c.万引と間違いやすいものをお客さまが持ち込む場合に「持ち込みシール」を張る

d．顔なじみのお客さまには名前を呼び、会話する（お客さまの顔と名前を覚えることはグリーターの重要な業務の一つなのです）

e．子供さんへの愛想の良い対応

f．お客さまから質問を受ければ丁寧に答える

g．手配りチラシの配付

というものです。働いている従業員がおろそかにしがちなサービスを徹底的にフォローしてあげるという仕事なのです。

日本もこれから「高齢化社会」。こんなサービスもいいのではないでしょうか。

③「使用時」満足保証

使用時の不満はよほどのことがない限り、販売をする側は知ることができません。

しかし、それがお客さまの「ストレス」になることは間違いありません。

そのためにも、「使用時に不満」のあった商品は「返品・返金する」という制度も考えてみてはいかがでしょうか。

今までに販売をする側が把握することができなかった「見えない」お客さまの「ストレス」を解消できたら、数多くの「ファン」をつくり上げることができますよね。

このように、「顧客満足力」を徹底的に上げていくことこそ、店舗ができる「新しい価値創造」ではないかと小生は確信しています。

第7章

消費不況下の
超具体的「部門別対策」

売れるものに乗っかって売上げを伸ばすのは誰にでもできる。
売れないものを売れるようにするのが本当の商人ではないか。

（津村順天堂元会長　津村重舎）

果物部門

近ごろ果物の「旬」を生かしていない企業がとっても多いです。

しかし、消費不況下においては、「旬」の〝見える化〟、「旬」の〝活用〟が果物部門の活性化につながります。

対策① 「旬の先掛け」で主導権を握る

旬の果物、出始めは原価が高いものです。
しかし、考え方を変えると「高単価で販売できる」ということ。
あとは、「割安感」をどう〝見える化〟するかだけなのです。
ただ、旬の出始めの果物を陳列しているだけでは全くと言っていいほど売れません。
だから、競合他社との違いを出せるのです。

競合他社は、旬の出始めは全く仕掛けてこないから「無競争」状態。よって、売価も強気で付けられる。ましてや、お客さまも「初もの」には弱い。

「誰よりも早く旬の果物を食べたい」という潜在的欲求もある。

その潜在的欲求を顕在化していくのです。それが「旬の先掛け」のポイントなのです。

野菜の例ですが、**写真④⑤**は「旬の先掛け」で成功した事例です。「秘訣」がわかりますよね。

「割安感」「おいしさ」「初もの」の見える化がしっかりとできているということです。

商品の「売価」より「一人前」の割安感や、担当者の「実食」した感想。

そして「誰よりも早く食してみてはどうですか?」という潜在的欲求へのアピール。

こうすれば、その商品の「値頃感」を外した売価でも「異常値」販売できるのです。

このやり方の最大のメリットは「競合店対策」になるということ。

競合他社よりも先に仕掛けることで、売価の主導権を握ることができるからです。

スポーツと同じで、どちらが主導権を握るかで旬に向けての「売価基準」が変わってくることを皆さんご存知ですか?

競合他社よりも早く「異常値」販売したことにより、競合他社はその「売価」を基準にしてきます。

限定販売
メリークリスマス
今年のクリスマスはメロンが高いと言われてます
今ならメロンがこんなにお安く提供出来ます
大玉サイズ1コで約8人前食べられます
1人前価格
マスクメロン
約123円
約150円
赤肉メロン
1コ980円
1コ1200円

写真④

新鮮でおいしいよ。
熊本よりやってきました
ユアーズバリューが
とっか〜んと! 初売り!
今年も やっちゃいます!!
今時期の すいか最高にうまい
超〜甘い 糖度10度以上保証
今時期の相場に比べ 5割安
青果チームより 超特価宣言
ユアーズバリューと一緒に 旬の味を先取りしよう!
1玉6人前です
1人前約163円です
すいか
1玉 980円
すいか食べて医者いらず!
肝機能を強化します
すいか 試食販売実施中

写真⑤

逆に主導権を握られると、競合他社の売価が「基準」になりますよね。

これって、旬に向けて大きな差となってくるのです。

でも、この「旬の先掛け」の効果って意外と知られていない。

「果物の支持率の高い」企業は、この〝極意〟を知っている。

だから、旬の先掛けを制し、価格の主導権を絶対に握ろうとするのです。

対策② 「旬」は〝ボリュームサプライズ〟で

旬になると、売価の差ってあまり出なくなりますよね。

そして、そんな中でさらに売価の差で競合他社と勝負しようとすると、血みどろの闘いになって「荒利益高」を確保できなくなる。

しかし、「消費不況」下においては、お客さまは「安さに慣れてきてしまっている」ので「安さで勝負」しても反応率が低い。

だから、お客さまに対して「サプライズ（驚き）」を見せる必要があるのです。それも「安さ」以外で…。

そのサプライズを一番簡単に演出できるのが、「ボリューム陳列」なのです。

写真⑥

いわゆる商人伝道師流「ボリュームサプライズ」展開です（**写真⑥**）。

「3－3－3」陳列展開での「異常値展開」です。

お客さまはその「ボリューム」に驚かれ、「安さ」に関心がなくなる。

ですから、ついつい買ってしまうという現象が起きるのです。

そして、何よりも、大量に仕入れるわけですから、仕入原価も大幅に下がる。

なんてったって、旬の時季は市場に商品があふれ返っていますもんね。

これが旬時の販売の〝極意〟です。

でも、ほとんどの企業がこの「ボリュームサプライズ」に挑戦しない。

なぜか？　それは「ロス」が怖いからで

す。

「売れ残ったらどうしよう…」

という不安が先にきます。

その不安を解消する〝極意〟があります。

それは、「少額値引き」と「試食販売」「ライブ販売」です。

「売れ残りそうだな〜」

と思ったら、少額値引きで売り切っていく。

または、「試食販売」でどんどんお客さまに食べてもらう。

旬の果物だからおいしいので買っていただける。その試食も「ライブ」で提供できればなお良し。

要するに、「売り切る力」をつけること。

「なんだ〜!そんなことか!」

と思われてますよね。

そうなんですよ。

「そんなこと」なんです。

でも、ついつい「売れ残ったらどうしよう」という悪魔のささやきに負けてしまうのです。

対策③ 「旬の後どり」は〝味〟が決め手！

果物には「旬の終了期」があります。
その「終了期」を狙った販売方法を「旬の後どり」展開といいます。
この「旬の後どり」展開は意外と〝儲かります〟よね。
だから、どの企業も仕掛けてきます。
しかし、実は安いからといって仕掛けると、「ロス」も大量に発生する。
だから、本当はあまり〝儲からない〟。
原因は、旬の時季に比べて「味が落ちる」からです。
よって、リピート客が激減します。
お客さまは「旬の先掛け」や「旬」の時季に一番おいしい味を味わっています。
その感覚が脳に残っている。
いわゆる「果物を脳で食べる」というのはここに根拠があります。
だから、「味」のチェックが必要なのです。
「旬の先掛け」や「旬」の時季と比べてもそん色がなければ、「旬の終了期」には原価

298
味比べ試食
あなたはどっち派
匠バナナ
対レギュラーバナナ
お好きな方に○印を書いてね。

写真⑦

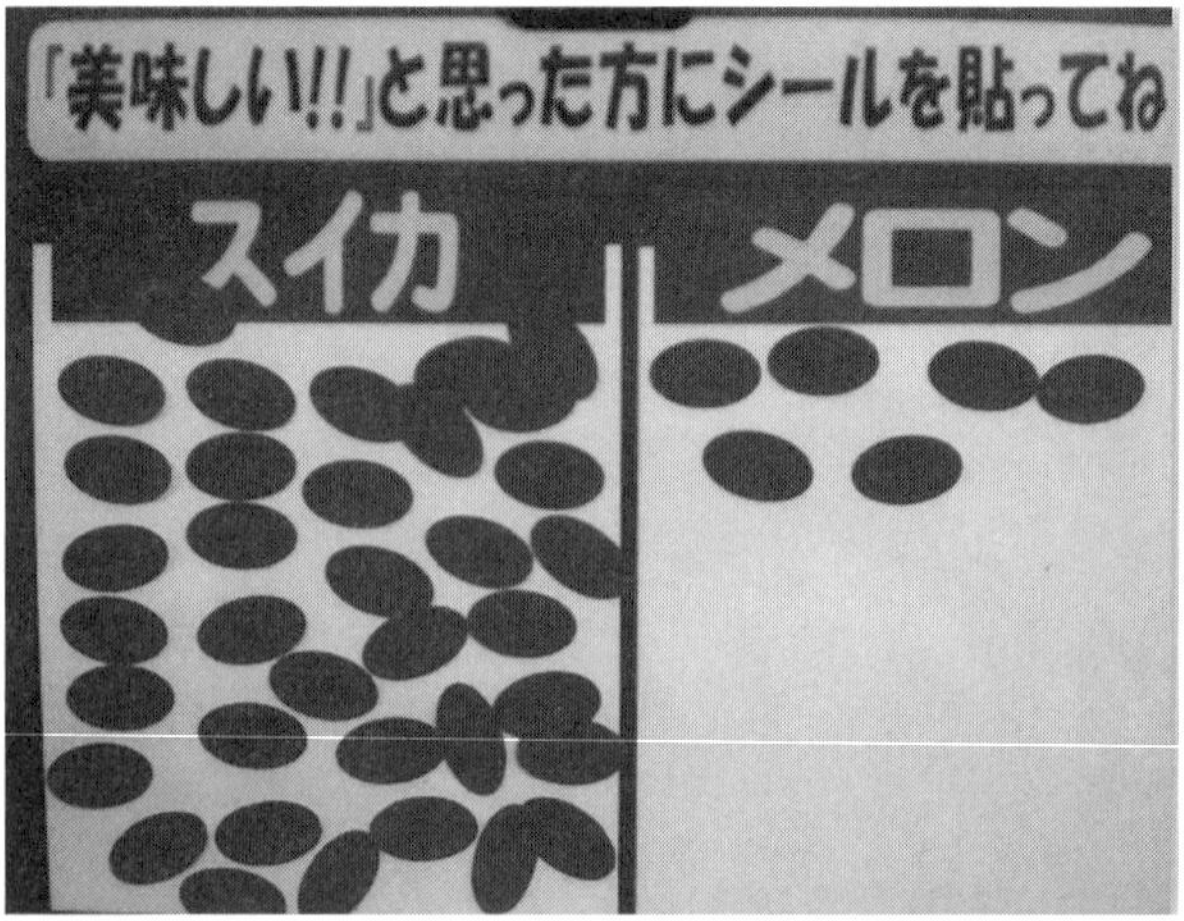
「美味しい!!」と思った方にシールを貼ってね
スイカ
メロン

写真⑧

が大胆に下がりますので、異常値販売を仕掛けられるし、儲かるのです。

そこの「味」のチェックがものすごく大切になります。

「価格にほれるな！味にほれろ！」です。

さらに、「新しい価値」をお客さまに提案できるのも「旬の後どり」ならではの面白みです。

旬の果物は日々品種改良されていますから、新種が毎年といっていいほど出ます。

「かんきつ類」しかり、「ブドウ」しかり、「リンゴ」しかりですよね。

そして、その新種は意外と「旬の終了期」に出回ってくる。

だから、「今までの旬のフルーツ」より格段においしい新種をお客さまに提供できることがある。

これこそ「ブルーオーシャン」商品。

「新しい価値創造」商品です。

今までの果物と「味比べ試食」をして味の違いを〝見える化〟できれば100％売れます（**写真⑦⑧**）。

そうすれば、競合他社との違いも打ち出せるし、何といってもリピート客が増える。

最後の最後で売上げを稼げるのです。

野菜部門

野菜は消費不況下、「安さ」の象徴のように位置付けられています。

そのため、値入率や荒利益率が急激に下がりつつある部門。

しかし、野菜は以前のような「価格訴求」一辺倒部門ではありません。

むしろ、「価格訴求」以外の〝戦略部門〟になりつつあります。

それをしっかり理解している企業は、この消費不況下において売上げも荒利益率も大幅に伸ばすことができているのです。

対策① 3つの「安さ」の見える化

野菜はＰＩ値の高い部門なので、「安さ」を外すことはできません。

しかし、「安さ」って何でしょうか？

競合他社より安いということ？ 98円や100円均一で売ること？

商人伝道師流に言う「安さ」には3つあります。次頁**図表㉒**を見てください。

まずは、「絶対的安さ」。これは、今までいわれてきた「安さ」です。

ポイントは「地域一番の安さ」の見える化です。

「絶対的安さ」とは、〝一番〟でないとお客さまから評価されない。

だから、「一番安い」をどれだけお客さまに見える化するかが集客に大きく影響するのです。

次に、「相対的安さ」。

「絶対的安さ」ばかりやってしまうと、荒利益率が確保できなくなります。

それは、競合他社が〝基準〟だからです。

ですから、相場などに関係なく〝地域一番の安さ〟にしなければなりません。

でも、「安さ」はそれだけではありません。

実は「安く売って儲かる」安さもあるのです。それが「相対的安さ」というものです。

いわゆる〝安さの基準〟を自社にシフトする「安さ」の見える化のことを「相対的安さ」と言います。

野菜には、「相場」があります。

図表㉒　3つの"安さづくり"

- 「絶対的」安さ
  - 「一番化戦略」…"一番安い"の見える化
  - 「ボリュームサプライズ」陳列…"視認率"のアップ
- 「相対的」安さ
  - 「相場安」…前日比、前週比、例年比で見える化
  - 「安さ幅」の見える化…「○割引」などの見える化
  - 「最小単位」の見える化…「○人前、1個当たり」など
- 「破壊的」安さ
  - 「前日相場比較」の見える化…3割以上安ければアピール
  - 「規格外商品」の見える化…「どれくらい安いか？」の見える化

「昨日100円だった大根が今日は150円になる」

「昨日200円だったレタスが今日急に100円になる」

というのは日常茶飯事ですよね。

だから、この商売は面白い。

でも、その「相場変動」を見える化していないのがほとんど。

この相場変動を見える化すれば「安さ」がアピールでき、なおかつ「荒利益率」も確保できるのです。

これを「相対的安さ」と言います。**写真⑨**は、それを見える化した売場展開です。

このように「○円安」「○割安」を見える化すれば、お客さまも「お得感」が出るし、相場安の野菜だから販売する側も「儲かる」

写真⑨

のです。

最後に、「破壊的安さ」。

前週や前日より〃3割以上〃安くなった野菜が「破壊的安さ商品」と位置付けられます。

これも「相対的安さ」商品と同じく、「安く見せて儲かる」安さです。

特にこの「破壊的安さ」は前週比や前日比で3割以上安いので、販売量も増える。

ということは「荒利益高」確保商品にもなり得るということです。

問題はいかに「見える化」するかです。

次頁**写真⑩**のように〃長尺ＰＯＰ〃などで破壊的安さを見える化する。

そして「ボリュームサプライズ」陳列で、ボリュームからも安さの見える化をするの

写真⑩

です。

そうすることで「異常値」販売を実現でき、いわゆる「売れて儲かる」野菜になるのです。

お客さまは安さに慣れ始めています。どこも安く売っているからです。

商人伝道師流で言う「安さにサプライズ」がないと、お客さまはもう反応してくれない。

「エッ!?こんなに安い野菜があるの！」とか「そうよね！これって昨日１９８円で売っていたよね！今日１２８円ってすごく安い！」というサプライズや刺激を求めているのです。

お客さまの心理にぴったりフィットするのがこの「破壊的安さ」の見える化な

のです。

実はこの「3つの安さ」を理解すると、バイヤーの意識が変わってきます。仕入れのやり方が変わってくるのです。

「どうやって、相対的安さや破壊的安さを見える化させようか?」

という考えでの仕入れになるので、仕入れ方がよりシビアになるのです。

対策② 「いろんな料理に使える」の見える化

ほとんどのスーパーマーケットの平台展開は「料理メニュー」提案スタイルです。

しかし、この平台展開を皆さんは〝疑問〟に思いませんか?

「なぜ、冬=鍋コーナー?」

「なぜ、夏=サラダコーナー?」

いわゆる「常識ある非常識」発想。

今は、エアコンが完備されている家ばかり。

「冬でもサラダ主体の家はたくさんある」

「夏でも鍋物をやる家ってたくさんあるよ」

そんな中で、通り一遍の「料理メニュー」提案をお客さまは喜んでいるのでしょうか？

この消費不況下、「料理メニュー」提案では買上点数は上がりません。

どうしたら買上点数が上がるのか？

それは「用途や機能」の見える化です。例えば…。

夏に、「相場安の白菜はいかが？　炒め物や浅漬け、おみそ汁の具などに使えますよ」。

冬に、「アスパラガスはいかが？　サラダはもちろんのこと、炒め物や天ぷら、シチューなどにも使えますよ」。

「いろんな用途がありますよ〜」「万能野菜ですよ〜」などを徹底的に見える化して前述の「3つの安さ」とマッチングした売り方をすればものすごく売れるのです。

そりゃそうですよね。「相場安で安くなっている。そして、いろんな料理に使える」を見える化したら、この消費不況期、お客さまはビビっと反応してくれますよね。

なのに、「冬です！鍋物はいかが？鍋物野菜を集合陳列してみました」「暑い日が続いています。サラダはいかがですか？」とアピールしてお客さまは反応されると思いますか？

「そんなこと知ってるわよー」と言われるのがオチ。

「私たちは、もっと安くて鮮度が良くて、自分たちにメリットのある野菜が欲しいのー」と声なき声で言っているのです。

対策③ 「ブルーオーシャン」的野菜を売る

今、「衣食住」すべてにおいて〝デフレスパイラル〟に陥っている状態。

ということは、すべてにおいて「安く買える」状態だということ。

ですから小生は、お客さまは〝自由に使えるお金〟があると推測しています。

よって、野菜も「安さ一辺倒」の展開から舵を取っていくべきだと思うのです。

「外食から内食化回帰」しているのであれば、なおさらです。

野菜は魚や肉と違い、「おいしい」モノがそんなに高くない。手の届く範囲なのです。

ましてや「健康志向」で野菜は注目されつつある。

「5 A Day」運動ではないですが、「1日5品目以上の野菜を食べましょう」などという運動を提案されてますよね。

でも、実際にはたくさんの量や種類の野菜を食べるのは大変です。

だから少しでも「味のある」「おいしい」野菜をお客さまは求めているのです。

そのニーズを顕在化したのが「高糖度トマト」や「高糖度サツマ芋」の大ヒットです。

だから、もっと「新しい価値」を提案すべきだと思うのです。

図表㉓　「ブルーオーシャン的野菜」の一例

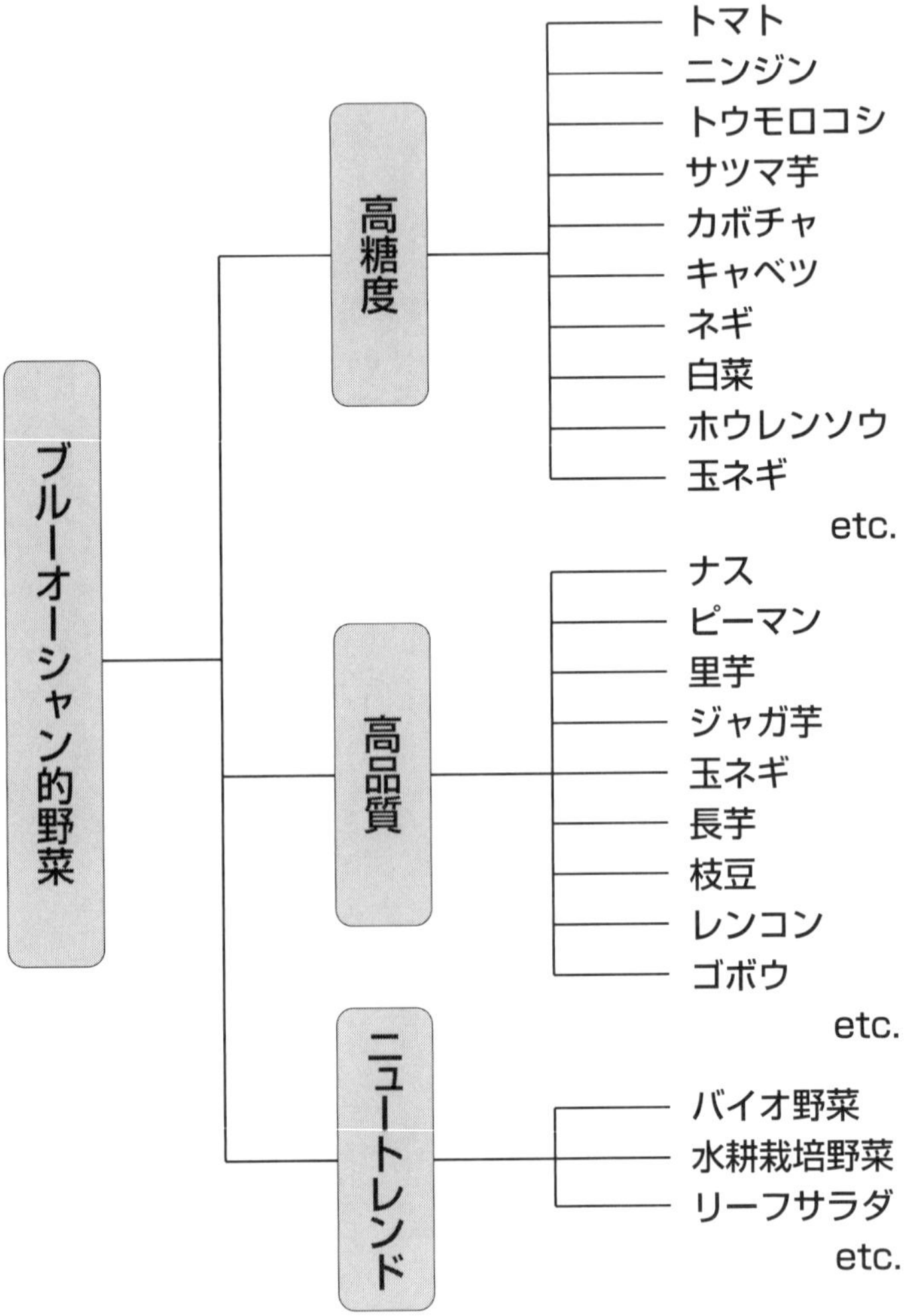

写真⑪

図表㉓をご覧ください。

「高糖度」と「高品質」と「ニュートレンド」という切り口でまとめてみました。

そのほかにも、まだまだいろんな切り口があると思います。

例えば、「クリスマス&年末商戦」に、〝スナップエンドウ〟を大々的に提案（**写真⑪**）。

これがメガヒットしたのです。サラダにも使えるし、おつまみにも使える。なおかつ、「高単価」商品。それを見える化して〝メガヒット〟商品に…。

「冬にスナップエンドウ？」と固定概念があると全く発想できないですよね。

しかし、ハウス栽培の技術進化だけでなく、「バイオ」での栽培も、どんどん進化している今、こんな「ニュートレンド」商品がいっぱい眠っているのです。
今までのように、「サラダ＝トマト、キュウリ、レタス」という固定的な考え方を変えていかないといけない時が到来しているんですよ。

対策④「売り切る力」をつける

今、バックヤード設備の進化や売場照明、什器の進化、そして長時間営業などにより「売り切る力」が急激に低下してきています。

だから、「荒利益高」の低迷が続くのです。ましてや「消費不況」真っただ中。

「売り切る力」がないと、ますます不良在庫は増えるし、売場での鮮度劣化やロスの発生が多くなる。

「売り切る力」の復活。これが野菜の重要課題となっています。そこで4つの〝改革〟を提案させてもらいましょう。

a.「目標売上高を基準にした平台計画」

これは当たり前のことなのですが、この〝当たり前〟ができなくなったから「売り切る力」がなくなってきたのです。

「明日は、平台に何を並べようか?」という考え方では「売り切る力」はつかない。

「明日のこの平台の目標売上高は○○円だから、この野菜を仕掛けていこう!」という考え方にすることです。

ちょっとした考え方の違いですが、これが大きな違いになるのです。

b.「バックヤード在庫ゼロを基準」にする

「在庫日数は何日分が適正ですか?」という質問がよく出ます。

そのときに小生はこう答えます。「バックヤード在庫ゼロが基準ですよ」と。

「在庫日数○日」という、在庫があって当たり前の発想が「売り切る力」をなくしてしまったのです。

とにかく、バックヤード在庫ゼロを基準にして「今日仕入れた野菜は、すべて今日のうちに売場に出す」ことを決まり事にすれば、必然的に「売り切る力」がついてきます。

c.「異常値販売の奨励」

「大量に売る喜び」や「仕掛けて売る喜び」が薄れてきているから、「売り切る力」が弱まってきているのです。

だから、失敗してもいいから、思い切って仕掛けさせる。

そして、その仕掛けを会社として「評価」してあげてやってください。

d.「積極販売の奨励」

「試食販売」「ライブ販売」「コト販売」などの積極販売を徹底的に奨励する。

小生は思うのです。

「面倒なことを積極的に行わない限り、売り切る力などつかない」

「並べて終わり！で、売れるわけがない。ましてや消費不況真っただ中なのだから」と。

徹底的に〝面倒なこと〟をさせる。

その面倒と思えることが習慣化したときに、それが「売り切る力」へとつながっていくのです。売り切る力は、鮮度劣化の激しい野菜においては欠かすことのできない〝力〟なのです。

鮮魚部門

「構造的不振」の続く鮮魚部門。それに輪をかけて起きた「消費不況」。

しかし、この「消費不況」。実は鮮魚部門の活性化の〝起爆剤〟となったのです。

今まで不振続きだった部門がこの「消費不況」によってよみがえった。皮肉なものです。

対策① 「高品質低価格」戦略

消費不況からいち早く抜け出した企業の共通項。それが「高品質低価格」戦略です。

「デフレスパイラル」状態とは、高単価の商品ほど売れないということ。

ならば、「数量確約」して、大量に仕入れることを約束すれば大幅に安くなるはず。

それに気づいた企業が「一品単価」を落とさずに売上げを伸ばすことができているのです。

例えば次頁**図表㉔**のような商品です。

今までの売れ筋商品より高品質な商品が軒並み相場安。ということは、それを「見える化」すれば売れるということ。

この「高品質」をどうお客さまに見せるか?

この「低価格」をどうお客さまに見せるか?

「なぜ安くなっているのか?」、その理由の見える化が大切です（次頁**写真⑫**）。

図表㉔　「高品質低価格戦略」商品例

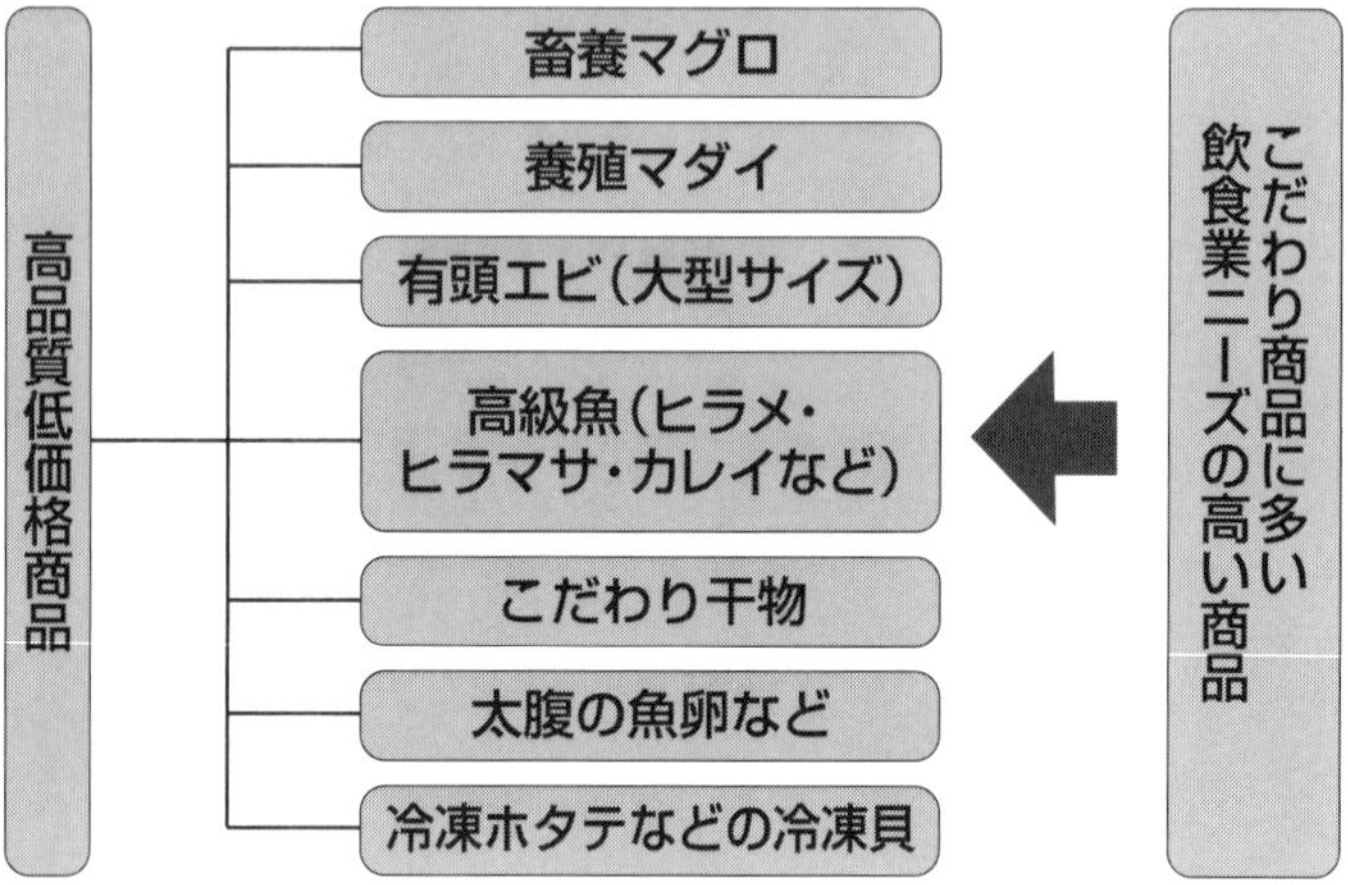

写真⑫

ただ陳列しただけでは売れません。「見える化」がすべてなのです。

しかし、残念なことに鮮魚担当者はこの「見える化」が非常に苦手。

そのため、この「高品質低価格」戦略に挑戦して失敗した企業がたくさんいる。

「高品質低価格」戦略は、まさしく「新しい価値創造」なんです。

今までお客さまも感じていない「価値」なわけですから、「価値の見える化」をしなければ〝創造〟できないのです。

対策② 「定額販売」から安さの見える化へ

野菜部門でお話しした、「3つの安さ」の見える化（204頁）です。

鮮魚部門も野菜同様、〝相場〟部門ですので、同じことが言えるのです。

しかし、鮮魚部門の場合、それ以外にも「安さ」の見える化をすることができます。

鮮魚が野菜と違うところは「付加価値」の高い商品を品揃えしているところです。

刺身や切り身、ハーフデリ商品、惣菜化商品などがこれに当たります。

その「安さの見える化」の例が次頁**図表㉕**です。これまで鮮魚部門は、値頃感を打ち出すために「1パック280円」「3切れ380円」という「定額販売」の方向性に向かっ

図表㉕　安さの見える化

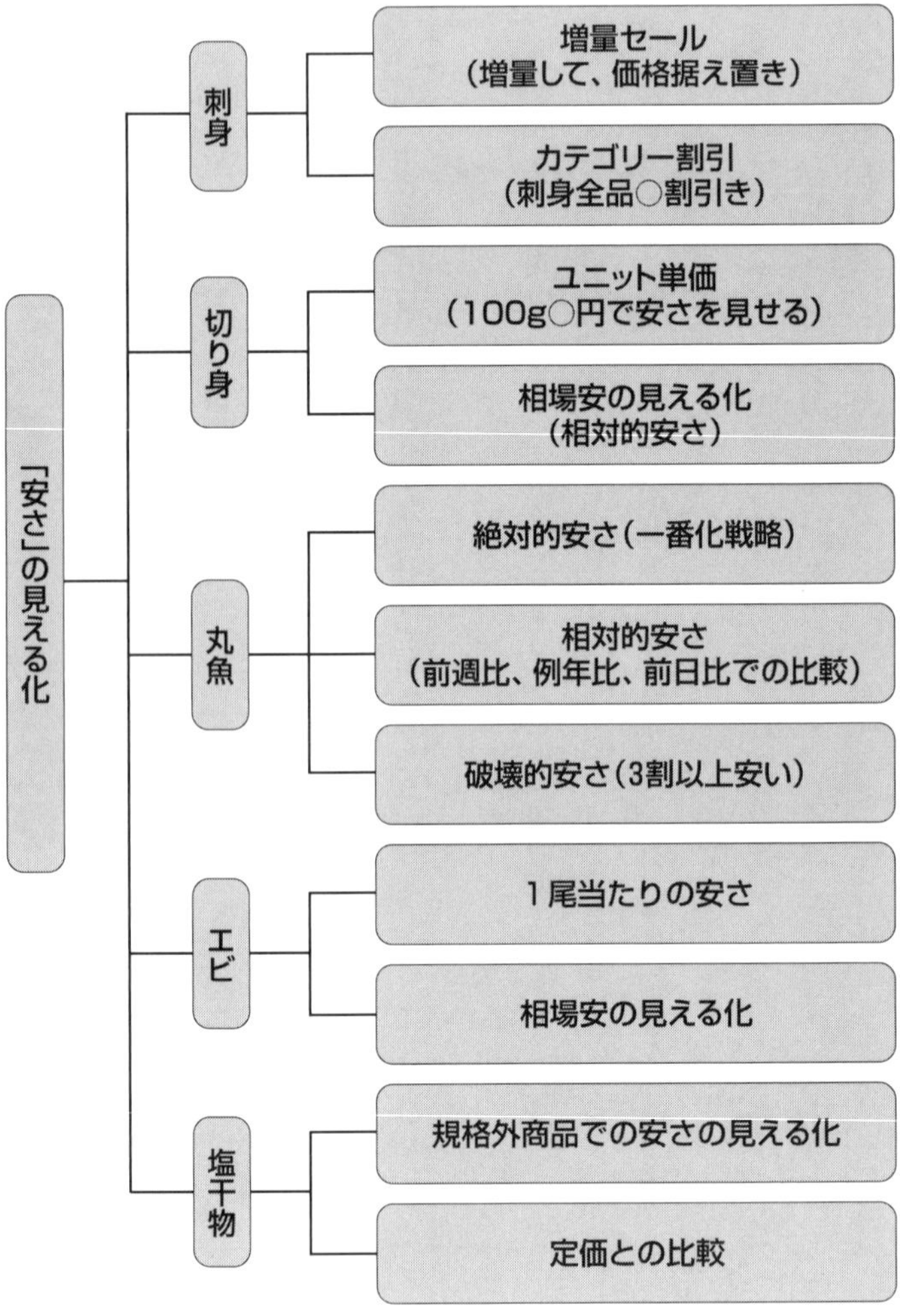
「安さ」の見える化
刺身
増量セール
（増量して、価格据え置き）
カテゴリー割引
（刺身全品○割引き）
切り身
ユニット単価
（100g○円で安さを見せる）
相場安の見える化
（相対的安さ）
丸魚
絶対的安さ（一番化戦略）
相対的安さ
（前週比、例年比、前日比での比較）
破壊的安さ（3割以上安い）
エビ
1尾当たりの安さ
相場安の見える化
塩干物
規格外商品での安さの見える化
定価との比較

てきました。

しかし、この「消費不況下」ではそれがネックとなった。

例えば、皆さんどちらが安く感じますか?

「ブリ切り身3切れ380円」「ブリ切り身100g198円」。これではどちらが安いか判断しかねますよね。

では、こんな感じでは…。

「ブリ切り身3切れ380円」「ブリ切り身がなんと定価の約3割安の100g198円」

おわかりですよね。明らかに「ユニット販売」の方が安く見える。

そして何よりも「ユニット販売」にすると、SKU数を拡大できる。

そうすることにより、「安く売って単価をアップさせる」ことが可能になるのです。

「定額販売」だと、安く売れば売るほど単価ダウンしますものね。SKUをつくりづらいから…。定額販売でSKUが固定してしまうから…。

でも、この消費不況下においては〝安く売って単価を落とす〟ことをしてはいけません。

そこで、このように〝安さの見える化〟することで〝安く見せて、単価アップ〟をしていけばよいのです。

対策③ 「発注力」「販売力」の基準アップ

図表㉖は「発注力」と「販売力」を高める方法です。

まず、「目標売上高基準」での発注の習慣化です。

「明日○○円の売上目標を立てたから、○○円の発注をする」という発注の意識化をすることが大切です。

目標売上げを達成するために発注するというのは当たり前のこと。

しかし、この当たり前のことができていないのです。

「売場を埋めるための発注」になってきている。だから、どんどん売上げが落ちてきている。

ですから、「目標売上高」基準での発注を習慣化させることが「発注力」の基準を上げることにつながります。

次に「バックヤード在庫ゼロ」基準。

鮮魚は「鮮度が命」。これは誰もが知っていること。なのにバックヤードに在庫を持つ。

基本は、「今日仕入れた商品はすべて売場に出し、売り切ること」ですよね。

図表㉖　「発注力」「販売力」を高める方法

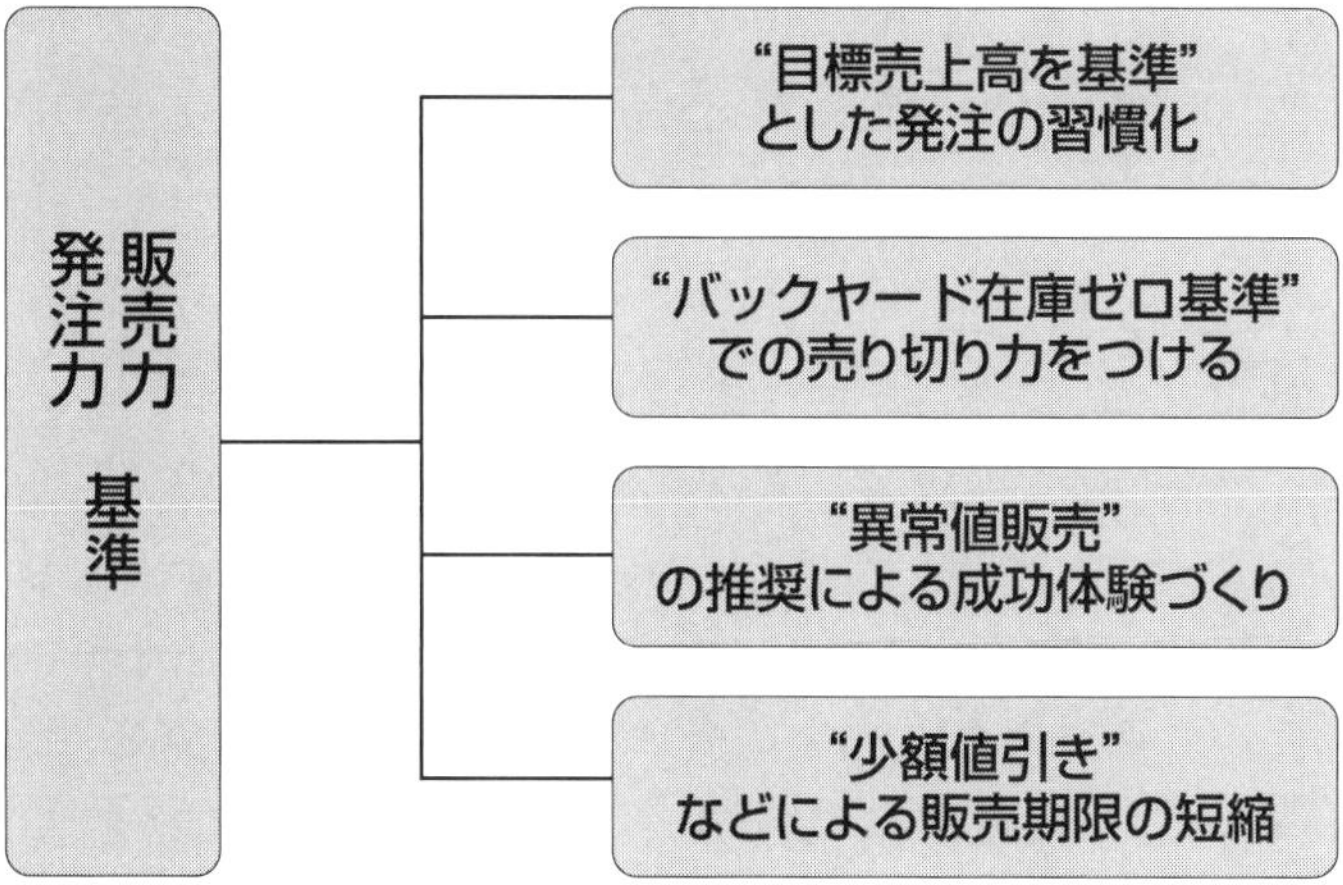

これが「鮮度が命」の鮮魚部門の売上不振対策なはずです。

だから「バックヤード在庫ゼロ」を基準として売り切る力をつけるようにすべきです。

さらに、「異常値販売」の推奨です。「売る喜び」「仕掛ける喜び」という成功体験をさせることが販売力の基準を上げることにつながります。

「異常値販売」は確かにリスクを伴いますが、リスクがあるから真剣に売り切るのです。「失敗してもよい」という文化をつくり、「異常値販売」を推奨すれば、販売力基準が高まってきます。

そして、「販売期限の短縮」。

特にこれは「塩干物」や「冷凍（解凍も

含む）」商品に効果があります。

販売期限を大幅に短縮して、少額値引きで売り切っていく。

いわゆる「強制的商品回転率アップ」です。

そうすることによって、販売力の基準が高まり、ロス削減にもつながってくるのです。

対策④ 鮮魚バイヤーの意識改革

鮮魚部門のバイヤーさんに質問です。

「量販商品、特売商品は値入れが低くて当然である？」

「Ｙｅｓ」と答えた方。意識改革が必要です。

「Ｎｏ」と答えた方にもう一つ質問です。

「量販商品・特売商品ほど値入率が高い？」

「Ｙｅｓ」と答えた方。大丈夫です。７割がた消費不況対策できています。

「Ｎｏ」と答えた方。もしくは、「Ｎｏ」かもしれないと思った方。意識改革が必要です。

鮮魚部門は、青果部門やグロサリー部門と違い、「量販商品・特売商品ほど儲かる（値入率が高い)」ということが実現できる部門なのです。

「数量確保」によって仕入原価を大幅に下げることができる部門だからです。

もちろん近海魚や丸魚の一部では当てはまらない商品もありますが、約70%以上が「数量確約」によって仕入原価を大幅に下げることが可能です。

とにかく、「量販商品、特売商品は儲からなくてよい」という意識を捨ててください。

そうしないと、売場担当者の「販売力」や「発注力」が高まらないのです。

「量販商品・特売商品を一生懸命売れば売るほど荒利益率が下がる」とわかっている担当者は、絶対に売り込みません。

だから、思い切った「発注」をしないのです。フェース拡大して「量販」しないのです。

これが鮮魚部門の売上不振の元凶です。

だから小生は指導先のバイヤーさんたちに、

「量販商品はまず売価を決める。そして値入れを決める。それから原価を決める。その原価になるには、どれだけの数量を仕入れれば実現できるのかを仕入先さまと交渉しなさい」

と言い続けました。

「そんなこと無理ですよ～」と思っていたバイヤーさんたち。渋々やってみると、仕入原価が下がる、下がる…。そこからです。バイヤーの意識と行動が変わったのは…。

「値入率」が確保できるようになってからは、バイヤーの売場担当者に対するアナウンスが変わりました。

「この商品を徹底的に売り込めば荒利益率が上がるぞ！」

「前年比○%以上の販売量必達！　そうしないと次回から原価が上がるぞ！」

「とにかく、安く売って儲かるのだから、徹底的に売り込め！」

というように豹変してしまったのです。

「安く売って儲かる」仕入れ。

鮮魚部門はそれが実現できる部門なのです。

対策⑤「子供が好む商品」「多機能商品」

「消費不況」になったときのお客さまの購買心理ってどう変化してくるのでしょう？

こんな感じになるのではないでしょうか。

「夕食の品数を減らします」

「じゃ～、何を減らす？」

図表㉗　「子供が好む商品」「多用途・多機能商品」例

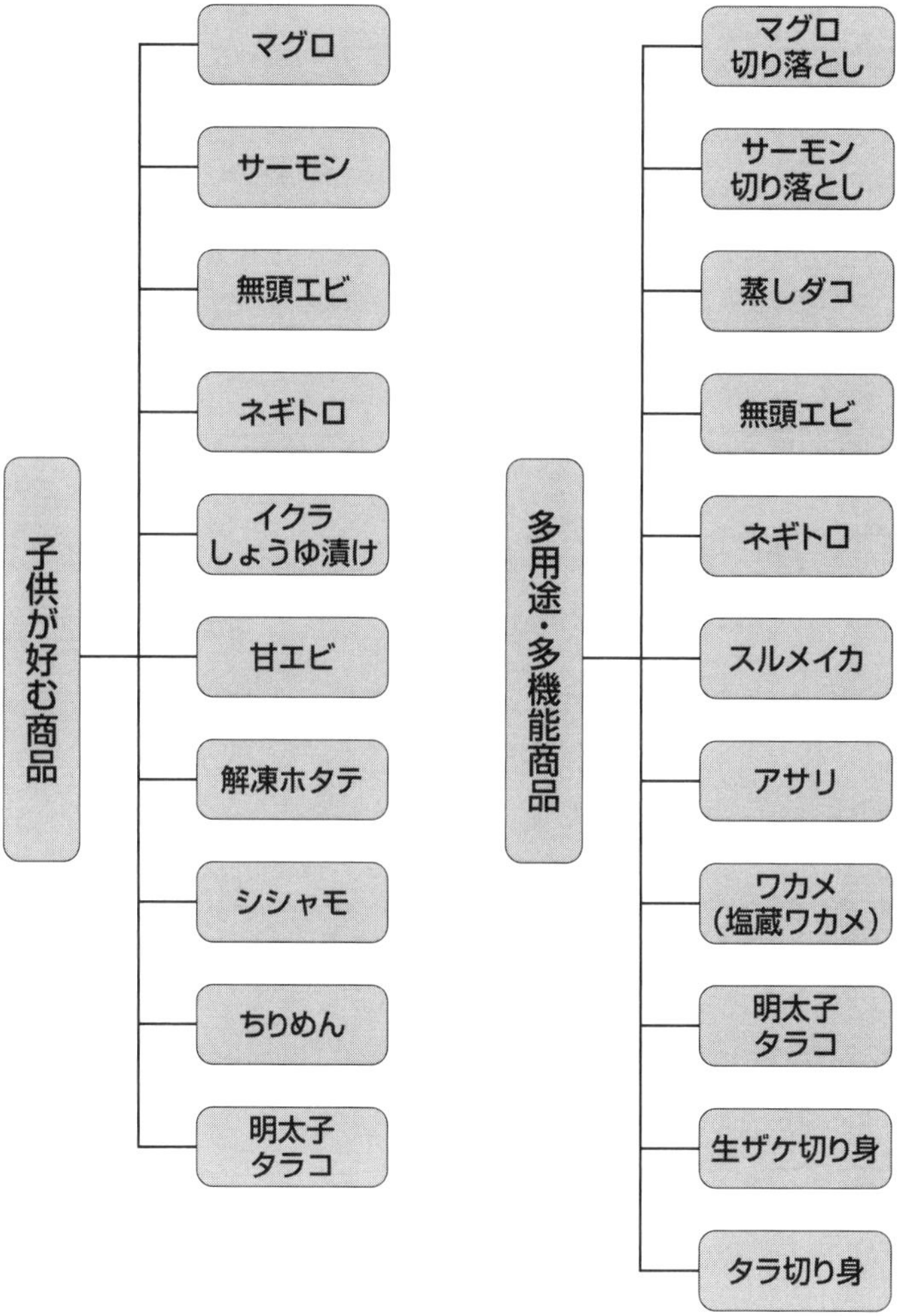

写真⑬

「今まで、大人向けと子供向けの両方のメニューが夕食のテーブルに並んでいたものを一本化するんじゃないのかな？」

「では、どっちに一本化する？」

「それは、子供向けに一本化するな～」

「すると、魚より肉志向が強くなるよね」

「ということは、子供向けや節約の見える化をしないと魚は売れなくなるな～」

小生自身、こんなふうに〝クエスチョンシンキング〟しました。その結果…。

「子供が好む商品の提案と多用途・多機能商品の提案をしていかねばこの消費不況下で売上げがますます悪くなる」

そこで、指導先企業に「子供が好む商品提案」と「多用途・多機能商品の提案」を積極的に展開してもらったのです。

図表㉗のような商品です。

こう見ると、意外と意識しないと売り込まない商品が多いことに気づきませんか?

となると、「コト」を付けないとお客さまも気づかない。だから、徹底的にコトを付けて販売したのです（**写真⑬**）。

そうしたら売れる売れる…。新しい売れ筋商品の誕生ですよ。

対策⑥ カテゴリー別〝ニューへの挑戦〟

a. 生食系の〝ニューへの挑戦〟

「刺身盛合せ＝ごちそうメニュー」の時代が終焉《しゅうえん》を迎えようとしています。

今のごちそうの主流は「寿司」。

ということは「刺身盛合せ」より「手巻き寿司セット」の方にニーズがあるはずという仮説が立てられますよね。

ですから今後は、週末やハレの日は、「刺身盛合せ」より「手巻き寿司セット」などにシフトしていくことに気づくべきです。

また、「マグロサクどり」主体の販売方法が主体だった「マグロ」。

これも変化してきています。

これからは「マグロサクどり」よりも〝安くて使い道の多い〟「マグロの切り落とし」が主流になります。料理用途が広く、なおかつ安い。ましてや包丁を使わなくてよい。

もう「マグロ切り落とし」の時代なのです。

b. 切り身系の〝ニューへの挑戦〟

これまで、切り身の料理提案というと「焼き魚」「煮魚」「ムニエル」などでした。

しかし、この料理は子供たちやヤングママには全く支持されない。

では、どんな提案なら支持されるか？

まず1つは「ステーキ」です。

それも「サーモンステーキ」「マグロステーキ」「ブリステーキ」など、〝食卓の豊かさ〟を実現できる料理提案が支持されます。

「料理も簡単、牛のステーキより安い、そして、ヘルシー。子供たちにも人気」

これを見える化すれば〝メガヒット〟商品になり得るのです。

もう「牛ステーキ」の時代ではないのかもしれません。

「シーフードステーキ」の時代がそこまで来ているのです。

そしてもう1つ、それは「揚げ物」です。

「ブリの唐揚げ」「サーモンフライ」「タラの天ぷら」などあまり骨のない魚での揚げ物提案をしていく。

魚の揚げ物の代表格は「エビフライ」。

しかし、お客さまも「エビフライ」ばかりでは飽きているのです。

もっと新しい料理提案を期待しているのです。それも「子供たちに人気」の料理提案を。

だから、今までのような「切り身＝煮魚、焼き魚、ムニエル」は卒業しなければいけない時期が来ているのですよ。おわかりですか…。

c. エビ・カニ類の〝ニューへの挑戦〟

エビはこれからまだまだ伸びてきます。しかし、主婦の立場で考えると調理が面倒くさい。

ですから、これからは「調理代行」を付加価値としていかねばなりません。

例えば、「お魚屋さんのエビフライ」「夕方作りたてのパン粉付けエビフライ」といったデリカなどです。そうすることで、「1尾80～150円」で販売でき、ものすごい荒利益率を確保できるようになります。

また、これからは「背わた」や殻むきなどしなくてよい「むきエビ」の時代が来ます。

料理が「フライパン」料理に切り替わっているからです。

だから、この「むきエビ」の販売を強化していかねばならない。

そして「カニ」の〝ニューへの挑戦〟。まずは、カット方法の変更。

食べるときカニで一番面倒くさいのは、「身が取れない」こと。ならば、商品化を変えればよい。**写真⑭**は「筒切りカット」と言ってお客さまがすぐに食べられるように真っ二つにカットすることで、付加価値ができるのです。

また、「釜ゆでカニ」のように、プロセスセンターなどで「冷凍していない釜ゆで」に挑戦すべきです。

冷凍しているものと、していないものでは、ものすごくお客さまの支持に差が出る。独自化商品になり得る商品ですから、ぜひ、挑戦すべき展開でしょう。

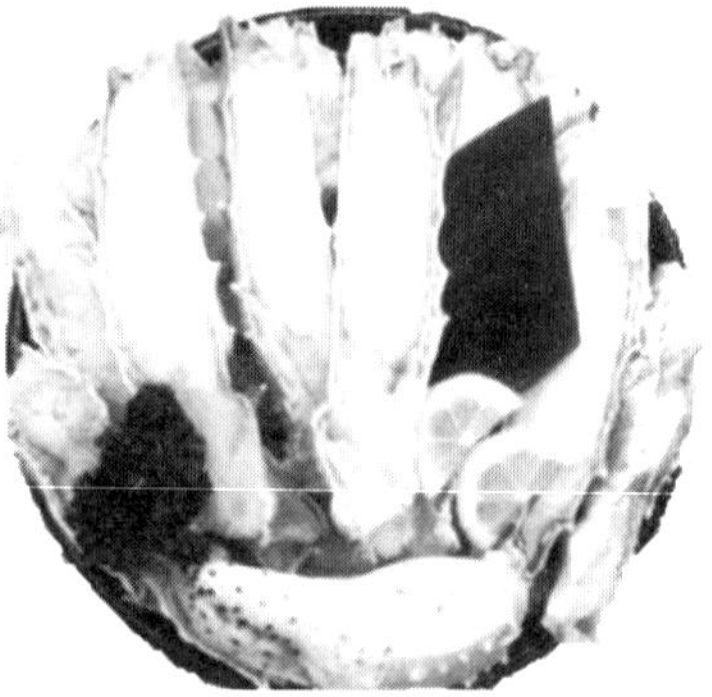
写真⑭

「用途の広さ」と「夕食向け干物」の提案

d. 貝類の〝ニューへの挑戦〟

貝類と言ったら「アサリ」「シジミ」。

しかし、これからは「グルメ」貝を量販していかなければなりません。

その候補商品には、「殼付きホタテ」「活サザエ」「冷凍アワビ」「冷凍むきサザエ」などがあります。

もう、ホタテやサザエ、アワビ（冷凍）は手の届く価格になっているのですよ。ご存じでしたか。

しかし、お客さまは「グルメだ」とまだ思っています。

だから、「食卓の豊かさと安さ」を見える化して売り込んでみる。

必ず〝新しいマーケット〟をつくることができます。

e. 塩干物類の〝ニューへの挑戦〟

「塩干物＝朝食」の提案。これ常識。

しかし、「パン食」が50％以上になり、どんどん〝和食〟が減りつつある日本。

その中で「塩干物＝朝食」提案だけで売上げは伸びるのでしょうか？

ダウントレンドを追っかけても売上げは伸びない。

そこで、「提案」を変えていかねばならない。

まずは「用途の広さ」の提案。

「ちりめん」や「魚卵」は朝食以外の用途がたくさんありますよね。

それを徹底的に見える化していくべき。

「ちりめんは、丼にも、サラダのトッピングにも、サラダにもパスタにも使えますよ。

安いときにまとめ買いはいかがですか…」

「タラコの切り子はパスタや手巻き寿司、ピザの具、おにぎりの具など、いろんな用途がありますよ。安いときにまとめ買いはいかが…」

というように「用途の広さ」を見せて売り込んでいく。

なんといっても「１００g単価」が高い商品なので、高単価商品となり得るからです。

次に「夕食向け干物」の提案。

今、居酒屋メニューを見てもわかります。「干物メニュー」が多い。

ということは「夕食向けに干物」が売れるということ。

「ホッケ開き」や「キンメダイ開き」など1枚３００円以上する開き物を、

「夕食のおかずにいかがですか？ 1枚で約3人前。脂が乗っておいしいですよ」というようなコトPOPを付けて売る。

もう、「1枚100円」の朝食用干物の時代は終わってきているのです。

さらに、「珍味の多品種少量」提案。生珍味はほとんど単品の大容量販売が主流。しかし、お客さまには、「いろんな珍味をちょっとずつ食べたい」というニーズがある。なら、そのニーズをインストア加工で実現すればよい。

「刺身」の需要が減少している今、その穴埋めとして「生珍味盛合せ」を展開してみる。「〇人前」の見える化をし、「4点盛り」「6点盛り」「8点盛り」などを展開してみてはどうでしょうか。「高単価高値入れ」商品になります。

また、中身の具材を変更することにより、SKU展開できるので、コーナー化できる。「正札販売1日」で少額値引きして、商品回転率も上げられる。

「一石二鳥」どころか「一石三鳥〜四鳥」になるのです。

このように「切り口」を変えることにより、まだまだ塩干物も売上げを伸ばすチャンスがあるのです。

皆さんは新しい「切り口」を考えたことはありますか？

これからは「切り口」が売上げを伸ばす肝になるのですよ。

精肉部門

「単価&点数ダウン」で、〝底なし沼〟状態の精肉部門。
いったいどうしたら、この〝底なし沼〟を脱することができるのか？　答えは一つ。
「パラダイムシフト」しかありません。
今までの「常識」や「成功体験」を捨てない限り、底なし沼を脱することはできない。
では、どういうことが「パラダイムシフト」なのか？

対策①　精肉の常識を破る「超鮮度」戦略

売上高の公式は「売上高＝客数×客単価」。
しかし、これは店全体の公式なのです。各部門の公式は違います。
「売上高＝支持率×1品単価×買上点数」です。

これを見ればわかるように、「支持率」をいかに上げていくかを考えることが売上げアップにつながっていく。

さらに、「買上客数」をいかに上げていくかも重要な要素です。

しかし、対策は「買いやすいパック量目にしよう」などの〝値頃感〟対策がほとんど。

しかし、そればかりやり過ぎると、「一品単価」が落ちてしまう。

また、消費不況下のお客さまは、どんなに値頃感があっても必要でなければ買わない。

では、どうしたら良いか？　その対策の一つが「超鮮度」戦略なのです。

スーパーマーケットの支持のトップは「安さ」。２位は「新鮮（鮮度）」でしょ。

その「鮮度」基準を他の企業を圧倒するレベルまで持っていくことが支持率や買上点数をアップさせる極意ではないでしょうか。

精肉は青果や鮮魚と違い、「日持ちする」「消費期限が長い」という常識があります。

でも、これは、常に鮮度感を求めるお客さまの立場からするとおかしな話なのです。

ポイントは、〝他の企業（競合店）を圧倒するレベルの鮮度基準〟です。

少々の違いでは結果は変わりません。では、どれくらいのレベルか？　それは…。

a.「時間販売」レベル

ミンチや小間切れなど、商品回転率の高いカテゴリーの商品の鮮度基準を徹底的に上げていく「時間販売」の実践。

でも、「そんなことしたら、ロスが増える」「陳列量が少なくなってボリューム感が出ない」と思われますよね。

また、実践された企業がそうなっているとも聞きます。

成功している企業とそうでない企業の差は、「少額値引き」と「見える化」「定数・定時作業」にあります。

「少額値引き」は〝1割以下〟の値引きからスタートすることです。

そして、ここでポイントが「少額値引き商品」の〝価値の見える化〟です。

「値引きしている商品ほどお買い得ですよ～」というのがお客さまに見える化されていなければなりません。

そうすることによりお客さまもその値引き商品の購入に「抵抗感」がなくなってくる。

「別に午前中にひいたミンチでも、うちは構わないの。だって、今日中に使い切るんだもん。少しでも安い方がいいわ～」という心理になるわけです。

そして、「定数・定時作業」。売場に残っていても、定時に定数製造すること。

陳列している商品は、どんどん「少額値引き」で売っていき、どんどん「商品回転率」を上げていく。

「値引きシール」を〝**商品回転率マシーン**〟にするのです。

一番危険なこと。それは今までの常識である〝適正陳列・適正在庫〟です。

〝適正〟という言葉に惑われて、商品を作りきれないこと。新しく作った商品を陳列できないこと。これが問題なんです。

少額値引きで商品回転率を上げていけば、売上げが上がって、ロス率は減るのです。だって、ロス率の公式の分母は「売上高」なのですから…。

「どんどん製造し、どんどん陳列し、どんどん少額値引きする」とっても荒っぽい表現ですが、これぐらいの表現をしないと、この〝適正〟という今までの常識を壊すことができないからです。

朝一番の売場が値引き商品ばかりでもいい

b.「正札販売1日」レベル

お客さまは思うんです。

「なんで製造日が入っていないの?」「なんで賞味期限しか入っていないの?」「お店はお客さまのためにありますなんて言ってるけど、結局ごまかしじゃない?」

ってね。この「不安」や「不満」を解消していかないと、「これからの生活者（消費者）」には支持されなくなります。

正々堂々と「製造日」を記入し、そして「正札一日販売」を徹底する。なぜ？

「これからの生活者（消費者）」、いわゆる〝団塊Jr〟世代は、「お店の姿勢や思い」に共鳴し、購入していくからです。

いわゆる「感性の世代」なのです。だから…。

「製造日が1日古くなったら、ちょっとだけお安くします。品質や鮮度もほとんど問題ありません。ですから、この値引き商品、お買い得だと思いませんか？」と訴えるべきなのです。

そうすることにより「鮮度が確実にアップ」します。

そして、何よりも「製造量」が劇的に減ってきます。

今までのスーパーマーケットのインストア加工の「パラダイム（常識）」は、「仕越し」「仕置き」作業が原則でした。

ピーク時の「チャンスロス」を防ぐために…。明日の「開店時100％の品揃え」を実現するために…。「仕越し」や「仕置き」作業は必要だったのです。

しかし、その文化がまん延してくると、「作業の前倒し」が作業になってしまった。

いわゆる「作り過ぎ」という現象が起きた。

そのためにとった手段。それが「賞味期限のみ表示」。

そして明日の朝一番の「仕越し」をしているため、夕方に陳列しきれない。そのため、夜の「チャンスロス」が発生する。

この常識を壊す。

「もし残ったら翌日朝、少額値引きすればよい。

朝一番の売場が値引き商品ばかりでもいいじゃないか。

だって同品質の商品が安く買えるんだもん。

〝仕越し〟した商品を定価で並べるより、ずっとお客さまに親切じゃないか」

というのが「正札販売1日」の考え方。

だから、「翌日の朝一番」の〝値引き売場〟を怖がらないことです。

「店のイメージが悪くなる?」本当ですか?

それは売る側の〝見栄〟ではないですか? お客さまの立場からすると、何ともないのです。むしろ、「朝一番に行くと、安い商品が買える」という評判になりますよ。

実際に、この「朝一番の値引き」で集客になっている企業がたくさんあります。

対策②「品揃え」から「量販」重視へ

スーパーマーケットの「品揃え」中心の考え方が、今、曲がり角に来ています。

「定番管理」をしっかりしても、今までのように売れなくなってきた。

「2－3の原則」の徹底を行っても売れなくなってきた。

むしろ、定番重視の考え方が強すぎて、量販商品のフェースがとれず、売上げを伸ばせない企業が続出しています。

逆に「量販商品」重視型で「まず、量販商品のフェース確保。または、売場を確保する」という考え方の企業はどんどん売上げを伸ばしてきている。

「今日のお薦めはコレ！」という売場。

「今日はこれがお薦めなんだ!」という大胆なSKU展開。

そのためには、「多少の定番商品のアイテムカットは仕方がない」という考え方。

これが、この「消費不況」下のマーチャンダイジング戦略ではないかと小生は思います。

写真⑮を見てください。焼肉の量販売場です。

なんと「黒豚バラしゃぶしゃぶ用」で2人前～10人前までの品揃えをしています。

写真⑮

バラ肉以外の部位はなし。でも、この売場、1日30万円以上量販するのです。

以前は、この平ケースの売上高はせいぜい1日10万円ぐらいだったそうです。

例えば定番販促の「ミンチ」売場。

通常の売場の約3倍のフェースに拡大する。

そしてSKUも通常の3倍のSKUに拡大する。もちろん大容量パックへの拡大で、1kgまで品揃えする。

通常の3倍以上の売上げになりました。

そのためには、ミンチの定番販促のときは、ほかの定番商品をアイテムカットしなければなりません。

でも、結果として定番商品のアイテムをカットして、ミンチを展開した方が精肉全

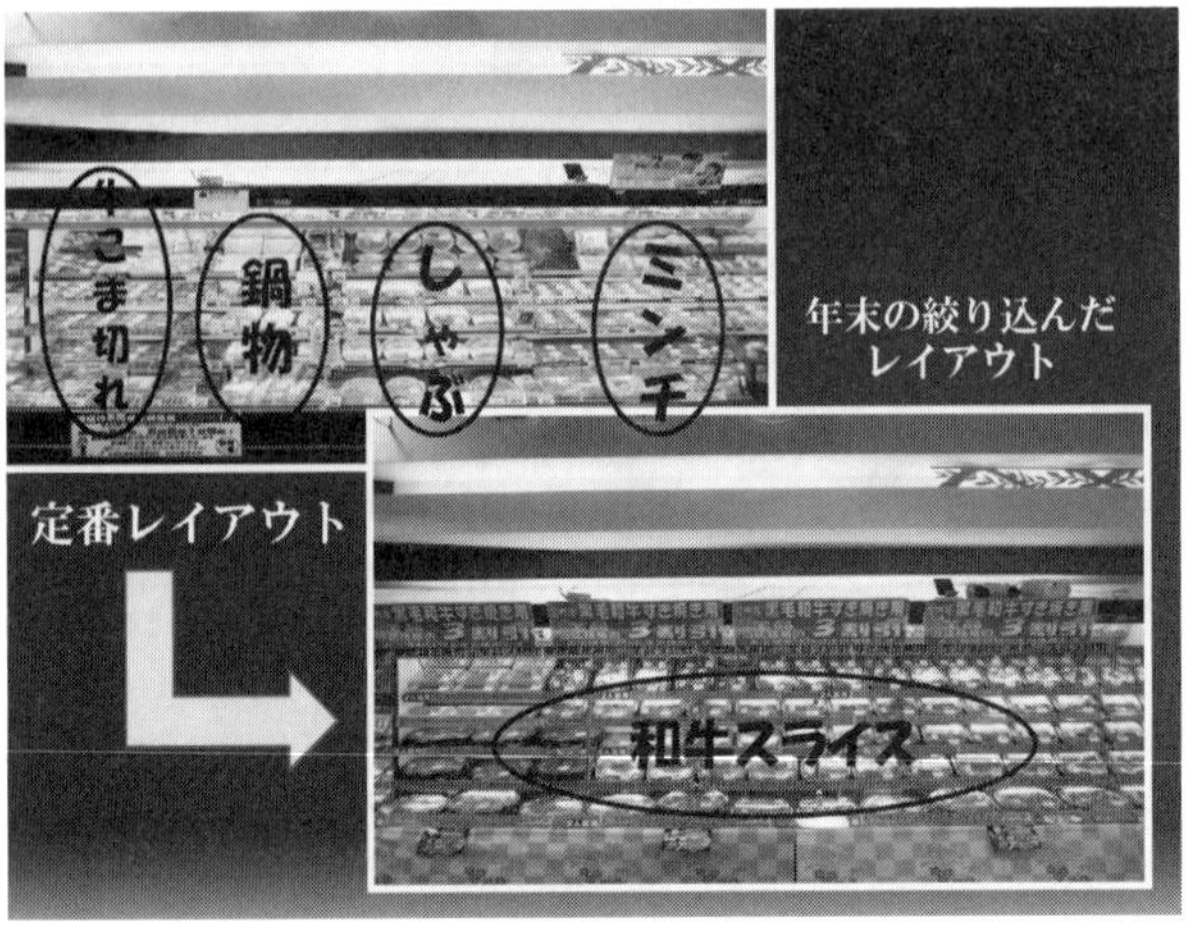

写真⑯

体の売上げも良いのです。

写真⑯は「年末商戦」の売場です。

このように「メニュー別売場」を大胆につくる。ただし、約3分の2のアイテムをカットする。

すごく勇気のいることですよね。

でも、これが功を奏するのです。

ものすごい売上げの伸びを示すとともに、大幅な作業改善にもつながる。

そして、なんといっても人時生産性が飛躍的に伸びました。

このように「量販重視」の考え方にパラダイムシフトすることにより、売上げはもちろんのこと、〝作業の集中化〟により生産性も飛躍的に向上するのです。

「売り込み商品を異常値までもっていく

売場をつくるために、1日数パックしか売れない商品のアイテムカットをする」〝当たり前〟のことですよね。でも、この〝当たり前〟ができていない。

しかも、青果や鮮魚と違い、精肉は「保存性が高い」商品。なら、「安いときにまとめ買い！」の意味を込めて大容量パックの品揃えをする。

そうすることにより「安く売って、単価アップ」という相反することも実現できる。

だから、売上げが伸びるのです。

対策③「高品質低価格」戦略に軌道をとれ

「消費不況」の今…。高級牛肉が売れない。ブランド豚が売れない。ワンランク上の鶏肉が売れない。

「不景気になって一番切り詰めるものは何ですか？」というアンケートが不景気ごとに行われるます。すると第1位は必ず「外食」です。

ということは、外食で使用されているランクや部位は余剰在庫が発生します。

そして、「デフレスパイラル」の中でも、一番「デフレスパイラル」になるランクや部位はどこか？

これを深く考えれば、「高品質低価格」戦略しかないことぐらいはわかりますよね。

しかし、ほとんどのスーパーマーケットの考え方はこれ…。

「不況になれば安い肉が売れる。

だから、牛肉より豚肉が売れる。

豚肉より鶏肉が売れる。

国産牛より輸入牛が売れるに違いない」

この〝常識的〟考え方で「負のスパイラル」に入り込んでいる企業の多いこと。

ただし、「高品質低価格」戦略は、「わかっちゃいるけど、なかなかできない」。

なぜだと思います?　それは、今までの「考え方」や「仕入れや販売」ではお客さまに対し見える化できないからです。

そこで、それを実現するための2つの〝極意〟を紹介しましょう。

a.「安さの見える化」

「高品質低価格」戦略では、まずは「品質の良さ」を見える化しなければいけない。

そして「どれくらい安いのか?」を見える化しなければいけない。だから難しい。

「低品質の商品を安く売る」のであれば、商品名と売価だけで済むわけです。

いわゆる「絶対的安さ」の見える化。

しかし、この「高品質低価格」戦略の商品は、「相対的安さ」の見える化をしていかねばなりません。次頁**図表㉘**を見てください。

このように「高品質低価格」戦略は〝見える化〟が肝なのです。

そうしないと、成功しません。

b.「仕入れ」の考え方のパラダイムシフト

今までの「仕入れ先」「仕入れ方法」では「高品質低価格」戦略は実現できません。

なぜなら、お取引先もバイヤーと同じ考え方をしているからです。

「商品の手配」しか考えていないので、高品質低価格戦略の理屈なんて考えもしない。

だから、「パラダイムシフト」した考え方を今までの仕入れ先にしっかりと話して調達方法を変えてもらうか？

それとも、新しい「お取引先」を開拓していくか。

このどちらかしかありません。

また、地方のスーパーマーケットの方々は「大消費地」のメーカーとコンタクトをとってみることをお勧めします。

なんていったって、大消費地のメーカーは取扱量のケタが違います。

表㉘　「高品質低価格の見える化のポイント」

高品質低価格商品の見える化

- 「今まで量販している商品よりどれくらい品質が良いのか？」の見える化
- 「その商品はどれくらい安いのか？」の見える化
「○割安」とか「和牛が外国産牛の価格で買える」POP
- 「なぜ、安く売れるのか？」の見える化
- 「家族みんなの食の幸せを実現できる」の提案の見える化

ということは「残っている量」もケタが違うのです。

また、外食企業との取引量も大消費地の方がはるかに多い。

外食産業が不振になってくると、外食で主に使用される部位が大幅に余ってくるわけです。

これこそ「人の行く裏に道あり。宝の山」商品です。

青果や鮮魚みたいに、鮮度的なリスクを背負うことのない部門ですから、もっと視野を広げて仕入れを考えてみてはどうでしょう。

「仕入れの考え方」――。

これ一つで、大きくパラダイムシフトできるのです。

対策④ 夏にすき焼きを提案して何が悪い？

「お客さまのニーズをつかみなさい」これは、この業界の「常識」。

しかし、これではいわゆる「レッドオーシャン」状態に陥ってしまう。

だって、そうでしょ。「お客さまのニーズ商品＝競合企業も同じ考え方」ですもんね。

ということは、価格競争になるということです。なら、どうするか？

「ウオンツ提案」の推進しかない。

「ウオンツ」とは小生なりに言うと「新しい価値創造」ということです。

お客さまに肉を使って「新しい価値を創造（提案）していこう」ということなのです。

皆さんのお店はできていますか？

ほとんどの企業やお店がウオンツ提案できていないから価格競争になるのです。

ウオンツ提案していけば、お客さまは「今まで考えていた料理より、節約できて、賢い買物やメニューができる」のです。

いわゆる「Win-Win」の関係ですよね。だから「メガヒット」するのです。

では、どのような考え方をすればこの「ウオンツ商品」を発掘できるのかを説明しましょう。**図表㉙㉚**を一緒に見てください。時代は大きく変わってきているのです。

外食が普及しだしてから、お客さまの「食の嗜好」が大きく変わってきました。

でも、販売側は「販売計画書」という〝悪魔の計画書〟でガンジガラメになっている。

「なぜ、冬はすき焼きなの？」

「子供はすき焼きより焼肉好きだよ！」

「なぜ、夏に焼肉なの？」

「夏にすき焼き提案したら、食卓に〝サプライズ〟が起きるよ！」

「なぜ、ステーキは牛肉なの？」

「ハンバーグステーキなら激安でステーキできるよ！」

「なぜ、クリスマスはチキンなの？」

「クリスマスは子供の日だよ。クリスマスぐらいは子供の好きなメニュー提案をしたら」

「なぜ？を5回言う」これは、「カイゼン」で有名なトヨタ社員の口癖だといいます。

今の「常識」をこのように否定してみてください。「なぜ？」ってね。

そして、もっと「お客さまにとって〝賢い〟、〝節約できる〟メニュー提案できないかな？」ってね。するとすごい「気づき」が生まれますよ。

「冬も焼肉食べるよね。そうか！

図表㉙　「ウオンツ商品」の考え方

ウオンツ商品

- お客さまにとって今以上に“メリット”のある提案
- 販売側にとって今以上に“メリット”のある提案
- お取引さまにとって今以上に“メリット”のある提案
- 今以上に“コト”で売る提案であること

↑

「考える力」がないと発見できない=“ブルーオーシャン”

図表㉚　「考える力」とは“現状否定”から・・・

なぜ、冬にすき焼き食べるの？　＝　焼肉提案したら…

なぜ、冬にシチュー提案なの？　＝　子供はカレーの方が好きだよ！

なぜ、ブリは冬に提案するの？　＝　焼き魚なら春～夏の方が売れるのでは？

なぜ、Xmasにイチゴなの？　＝　メロンもある！パインもある！よね

↑

お客さま立場で“メリット”が見える化できれば、“メガヒット”になる

冬だとバラ部位は相場安になるよな。

だったら、〝冬に焼肉すると夏の3割安で焼肉できますよ！〟って提案できるよね」

というようなものすごい発想が生まれるのです。これこそ〝ウオンツ提案〟なのです。

ただし、ここで注意！　この「ウオンツ提案」は、新しい価値創造なので、お客さまになかなか気づかない。

だから、「コト販売」が必要不可欠。これを怠ったら、全く売れません。

対策⑤ 焼肉にも〝ニューへの挑戦〟がある

a. ステーキの〝ニューへの挑戦〟

「ステーキ＝サーロイン」の固定観念…。

ならば、その固定観念を壊してしまえば「メガヒット商品」になるのではないか。

その方法は…。「ランプステーキ」や「リブロースステーキ」「カタロースステーキ」などで〝サーロインより安くて、価値がある〟を見える化すること。そうすればメガヒット商品になる可能性が高い。

ポイントは、いかに「価値」を見える化できるかです。

ステーキという〝モノ〟を売るのではなく、「サーロインステーキ」より安くて、おいしいステーキありますよ！ それがカタロースステーキです！」という〝価値〟を売るのです。

「豚ロースステーキ」「チキンステーキ」「ハンバーグステーキ」「焼き豚ステーキ」など、牛肉以外にもステーキとして提案できる商品はいっぱいあります。

しかし、販売する側も固定観念があって売り込んでいないのが現状。

ならば、徹底的に「牛肉のステーキの約5分の1の価格で買えるステーキはいかがですか？子供たちが大喜びしますよ！」という〝コト〟提案していく。

このようにまだまだステーキも〝ニューへの挑戦〟はあります。小生はよく言います。

「ステーキを制した者が牛肉を制す」と。

なぜか？ ステーキはお年寄りも食べられる。少人数でも食べられる。

でも焼肉はそうはいかない。

だから、ステーキを制すれば客層や商圏が広がると信じているからです。

b. 焼肉の〝ニューへの挑戦〟

「焼肉＝カルビ」という固定観念。しかし、それでは儲かりません。

「儲かる焼肉」への〝ニューへの挑戦〟。その方法は…。

「相場安部位での焼肉提案」です。

夏場、相場安になる「カタロース」や「ウデ」部位を使って焼肉提案する。

「すき焼き肉の最高部位を焼肉にしました。なんとカルビの半額の安さです！」

というように〝コト〟で売るのです。

「カタロース」や「ウデ焼肉」という〝モノ〟を売ったのでは売れない。

「硬いんじゃないの？」というようにイメージが悪いから。

でも、「すき焼き肉の最高部位」という〝コト〟を付けると、そのイメージを払拭できますよね。だから〝コト〟で売るのです。

ついでに、「焼肉＝牛肉」の固定観念も捨てる。

「豚肉で焼肉をすると焼肉が節約料理になりますよ！」と提案すれば、平日でも気軽に焼肉ができることを見える化できますよね。

「牛味付けホルモン」や「ホルモン」なら今話題の〝コラーゲン〟をアピールできる。

「ホルモン＝ゲテモノ」の負のイメージを払拭できます。

そうすると「新しいマーケット」が広がるのではないでしょうか。

もうひとつ、「ササっと焼肉」の提案。

育ち盛りの子供がおられる家族は毎日でも焼肉料理にしたい。

しかし、「財布の中身」が許してくれない。

ならば、夏場余ってしまう「赤身」部位を使って「薄切り焼肉」を提案してみる。

「薄切り・切り落としは普通の焼肉より3倍以上枚数が多い！これはお得！」

「薄く切ってあるので、焼ける時間が短い。だから食べ盛りの子供たちにはピッタリ！」

「すき焼き、しゃぶしゃぶにも使えます」

といった具合に〝コト〟で見える化する。

そうすれば、今まで夏場に余っていた「赤身」部位を高付加価値で販売することができて、お客さまにも喜んでいただける。

焼肉にも〝ニューへの挑戦〟がまだまだあるのです。

対策⑥ 豚肉は〝骨付き〟、鶏肉は〝スモール〟

豚肉には「豚スペアリブ」「豚骨付きロース」「豚軟骨」など〝骨付き〟商品があります。

そして、その商品はすべて「グルメ商品」になり得ます。

例えば「豚スペアリブ」の料理をしたことありますか？

とっても「グルメ」です。〝食卓が豊か〟になります。

だから、どんどん提案していくのです。

すると、どんなことが起きるかというと、「1パック1000円台」でも売れてくるという現象が起きます。少しの量では料理できないからです。

この〝骨付き〟。これからの〝ニュー商品〟になるかもしれません。

一方、鶏肉では〝スモールチキン〟という攻め手があります。

スモールチキンとは「手羽元」「手羽先」「手羽中」のことです。

この商品は「モモ肉」と比較するととても安くて、何といっても「料理用途」が広い。

「安くていろんな料理に使える」――、これって売れますよね。

この「安くて、いろんな料理に使える」という〝コト〟を見える化するのです。

そして、週1回の定例販促を行い、そこで「安いときにまとめ買い」を見える化する。

そうすれば〝500g〜1kg〟でも売れますよ。

「安く見せて、用途を見せて単価アップ」。これが鶏肉の〝ニューへの挑戦〟です。

最後に、精肉部門の加工品についてですが、これは〝生鮮化〟で突破口が開けます。

「インストアパック」商品の強化です。

業務用ハム、ウインナを「インストアパック」する。

そして、精肉と同じように「正札販売1日」で販売する。

さらに、インストアパック商品とNB商品の「安さの比較」をして、「いかにインストア商品が安いのか?」を見える化する。

そうすると、30~40%の高値入率で、NB商品の半額ぐらいで売れるのです。

加工品も「生鮮」である。

この一つのパラダイムシフトから〝新しいマーケット〟が創造できるのです。

デリカ部門

次頁**図表㉛**は「お客さまの惣菜、弁当を利用する理由」と「惣菜への不満、不安」のアンケート調査結果です。

「惣菜、弁当を利用する理由」として、「楽だから(45・9%)」「料理する時間がないから(45%)」「おかずの品数が増えるから(37・9%)」と〝簡便性〟が主な理由として挙げられています。

図表㉛　なぜ右肩上がりの「惣菜」が売れなくなったのか?

<理由>　**不平・不満の顕在化**

惣菜・弁当を利用する理由

1位	楽だから	45.9%
2位	料理する時間がないから	45.0%
3位	おかずの品数が増えるから	37.9%
4位	自分で作れないメニューだから	31.2%
5位	外食するより安いから	20.8%
6位	老舗や名店の味を味わえるから	18.7%
7位	自分で作るより経済的だから	15.0%
8位	自分で作るよりおいしいから	5.2%
9位	家族が好むから	4.9%
10位	その他	9.2%

「簡便性」で利用していた（1位～3位）

惣菜への不満・不安

1位	揚げ物が多い	53.8%
2位	添加物や材料が不安	40.4%
3位	カロリーが高い	39.1%
4位	味付けが濃い	36.1%
5位	野菜が少ない	31.2%
6位	メニューや味付けが飽きてくる	29.1%
7位	割高になる	28.7%
8位	作ってから時間がたっている	19.0%
9位	旬の食材を使ったものが少ない	5.8%

【出典：財団法人地域流通研究所】

不平・不満の顕在化

また、「惣菜への不満・不安」も「そうだろうなあ」ということばかりです。

つまり、「消費不況」で「お客さまの不平・不満が顕在化」が起きてきたということです。

今までも、不平・不満はあったけれど〝仕方なく買っていた〟のです。

しかし、「消費不況」下で節約ムードが高まってくると、お客さまは真っ先に〝不平・不満〟のある商品から買い控えてくる。

それが「デリカ（惣菜）」だったのです。

ですから、「中食から内食化したのだから、安くすれば売れる」なんて、安易な考えでディスカウント販売に取り組んでいたら、ますます悪い方向へ向かうことぐらい、このアンケート結果を見ればわかりますよね。

対策① 「不の解消」を徹底せよ！

次頁**図表㉜**は、「品揃えのパラダイムシフト」のやり方の表です。

今までは揚げ物の商品選定は「値頃感」…。

しかし、これなら今は「冷食半額セール」商品で対応できる。

図表㉜　「品揃え」は“考え方”から発想する

現在、成功している「不の解消」例

a.家で揚げられない“揚げ物”が欲しいの…！

- ジャンボチキンカツ
- 棒ヒレカツ
- ジャンボエビフライ
- カキフライ
- かき揚げ
- 天ぷら盛り合わせ

← 消費不況下でも大ヒット中!! ← 今までは「値頃感」という考え方での品揃え中心

b.なぜ「産地」表示してくれないの…!!

- 焼き鳥
- 唐揚げ
- トンカツ
- ローストチキン
- 焼き豚など

← お客さまの「感情」に訴える“コト”を付ければ価格訴求商品も価格商品も売れる

例　国産 ― 価値の見える化
　　輸入 ― 安全・安心の見える化など

↑ 今までは、なぜ「安くできるのか?」の理由を隠してきた。信頼がなくなるのが怖いから…。

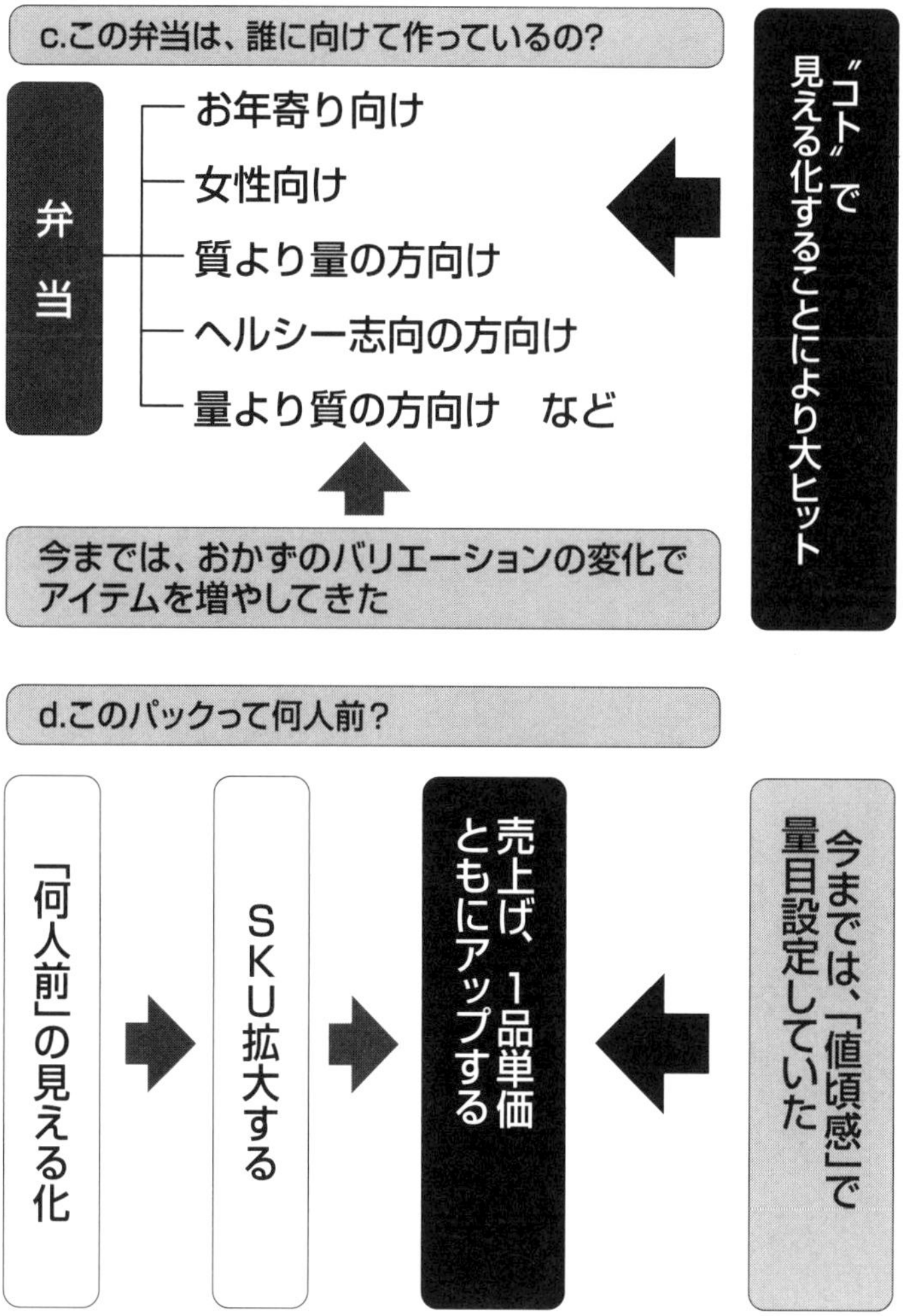
c.この弁当は、誰に向けて作っているの?
弁当
お年寄り向け
女性向け
質より量の方向け
ヘルシー志向の方向け
量より質の方向け　など
今までは、おかずのバリエーションの変化でアイテムを増やしてきた
〝コト〟で見える化することにより大ヒット
d.このパックって何人前?
「何人前」の見える化
SKU拡大する
売上げ、1品単価ともにアップする
今までは、「値頃感」で量目設定していた

よって、今までは〝揚げる手間〟を買っていたけど、節約志向で〝自分で揚げる〟という選択をした。

しかし、「ジャンボチキンカツ」や「かき揚げ」「棒ヒレカツ」などは家の火力ではおいしく揚げられない。だから、そういう商品には「お金を使う」。

また、信頼を失うのが怖いために「なぜ、安く提供できるのか」理由を隠していた。

「産地表示」すると売れなくなるという怖さがあったから……。

それも「お客さまの不安、不信」を呼んでいるのです。

そこで、その「不」の解消に挑戦してみる。

「国産」と「輸入」の2SKU展開にして、前者は「価値」、後者は「安全・安心」の見える化をしてみる。

さらに、こんなPOPを書いてみてはどうでしょうか。

「まだ、お父さんに愛情のある方は国産の焼き鳥を…」

「もう、お父さんへの愛情が薄れている方は、輸入の焼き鳥を…」

ちょっとした「しゃれ」っ気のあるコトPOPを付けることにより、両方が売れるようになるんですね。

一方、弁当は今まで「おかずのバリエーション」の変化でアイテムを増やしてきました。

でも、「弁当は1人1個」。

女性と男性で嗜好が違う。年齢で嗜好が違う。価値嗜好の人か、グルメ嗜好の人かで嗜好が違う。

だから、「どういうお客さま向けに商品開発したのか？」を見える化した品揃えにしていくことが「不信・不安」の解消につながるのです。

また、デリカでは、「値頃感」を重視したあまり、「○人前」の量目がわからない売り方が続いています。

量目がわからなければ「少なく買う」というのが人間の習性です。

でも、逆に「量目」を見える化できればその「人数分」の量目を買ってもらえる。

というように、デリカにはたくさんの「お客さまの〝不〟」があるのです。

その「不の解決」をしていけばおのずと次の展開が見えてきます。

対策② 「外食ニーズ」カテゴリーの強化

消費不況下、「外食の内食化」が起きているはずなのに、内食を中心に販売をしているスーパーマーケットに〝追い風〟は吹かない。

理由はズバリ、スーパーマーケットが「外食ニーズ」を取り込めていないからです。

特に、デリカはお客さまの「外食消費」を取り込むことのできる部門のはず。

にもかかわらず、相変わらず「揚げ物」「サラダ」「弁当」中心の品揃え。

これでは「外食消費」から消費シフトさせることはできない。

外食料理を家でつくることは不可能に近い。

だから、高いお金を払って外で食べていたわけです。

それをスーパーマーケットのデリカで実現できたら…。考えただけでウキウキしますよ。

しかし、現状の品揃えは「お客さまの利便性」を追求した商品ばかり。

もう「パラダイムシフト」しなければいけませんよね。

図表㉝に今後、強化すべきカテゴリーをまとめてみました。

まず、「焼き物」カテゴリーの商品は家で作れないし、〝グルメ〟商品に近い。

「手作りピザ」や「ローストビーフ」などは圧倒的な支持を受けている。

もう「焼き物＝焼き鳥」の時代は終わっているのです。

また、「中華」も外食の内食化としては注目カテゴリーの一つです。

しかし、残念ながらスーパーマーケットの中華は家庭中華の延長。これでは伸びない。

時間はかかると思いますが、「本格中華」への挑戦が必要なのです。

図表㉝　「外食ニーズ」商品強化例

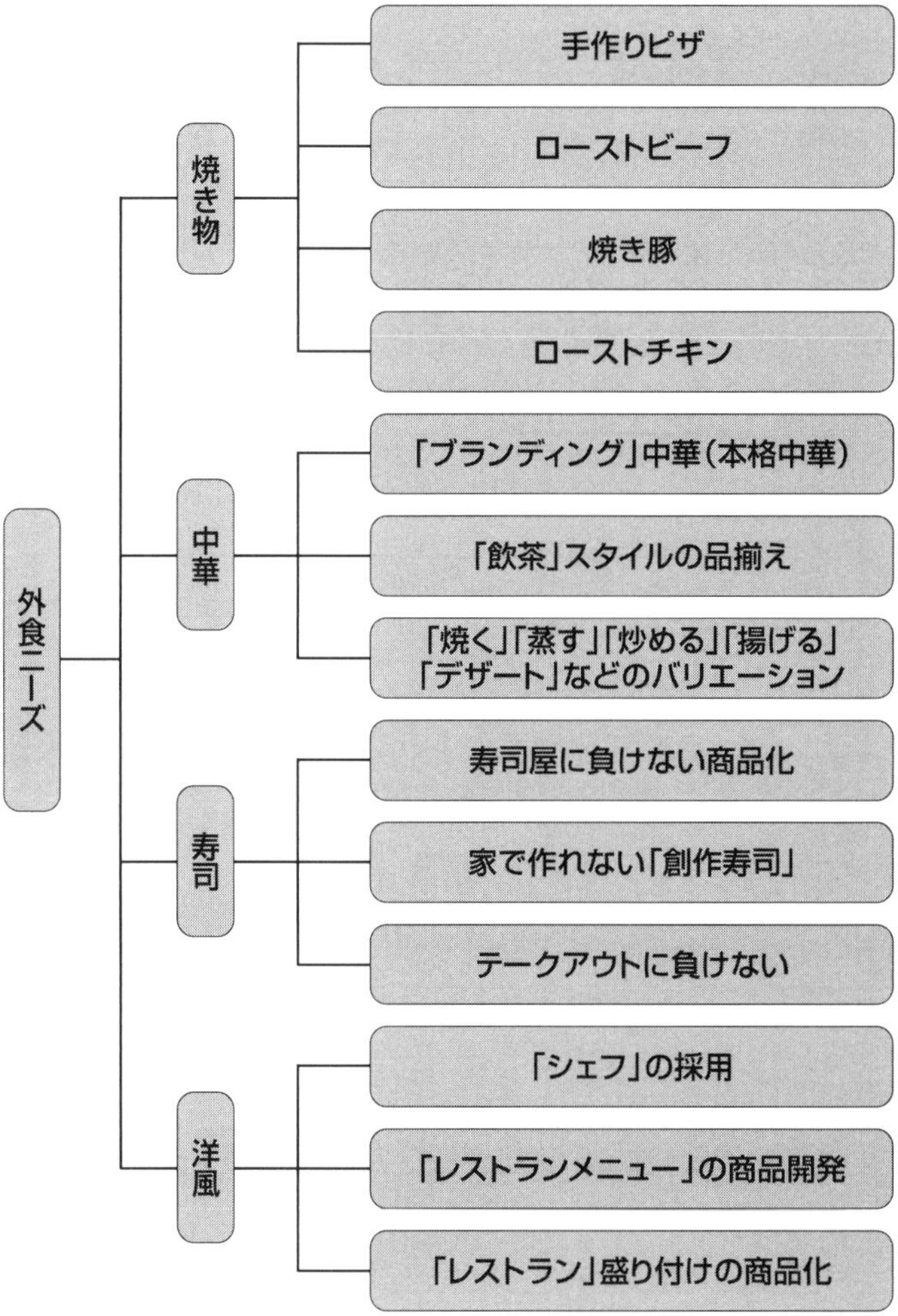
外食ニーズ
焼き物
手作りピザ
ローストビーフ
焼き豚
ローストチキン
中華
「ブランディング」中華（本格中華）
「飲茶」スタイルの品揃え
「焼く」「蒸す」「炒める」「揚げる」「デザート」などのバリエーション
寿司
寿司屋に負けない商品化
家で作れない「創作寿司」
テークアウトに負けない
洋風
「シェフ」の採用
「レストランメニュー」の商品開発
「レストラン」盛り付けの商品化

なぜ、これを確信しているかというと、「お盆」や「年末」「クリスマス」など〝ハレの日〟の中華の支持が年々高まっているという数値実績が証明しているからです。

さらに「寿司」は「お魚屋さんの寿司」にシフトしてきたように「本格寿司（寿司屋に負けない寿司）」にシフトしてきています。

〝冷凍ネタ〟で〝ローコスト化〟した寿司では外食ニーズを取り込むことはできません。

そして、「洋風」。ものすごい勢いで伸びてきているカテゴリーです。

一時期ブームになった「ミールソリューション」が、また注目されてくると思います。

もう、スーパーマーケットもこのカテゴリーを本格的に開発する時期が来たと思います。

「煮物」では外食ニーズは取り込めません。

デリカ担当の皆さん、「消費不況」はビッグチャンスだということを認識してください。

対策③ 人財のパラダイムシフトだ！

アメリカのスーパーマーケットを視察すると思うことがあります。

アメリカのビジネスマンが、スーパーマーケットで〝パワーランチ〟をしている風景…。

〝パワーランチ〟とはお客さまとの商談や情報交換しながらのランチのこと。日本のスーパーマーケットでは絶対に見掛けない光景。

アメリカのスーパーマーケットでは、レストランと同等の商品を提供し、レストランと同等の雰囲気を持った「パブリックスペース」があるためです。

日本でもこのようなシーンが今後増えてくるのではないかと思います。

お年寄りの方々がスーパーマーケットのパブリックスペースでランチやディナーを楽しむ。家族連れがランチやディナーを楽しむ。

なんてことが今後あり得るのではないかと思うのです。

そのためには「シェフ」など専門職の方々を採用することも考えていくべきではないでしょうか。

今、「外食」業界は大不振。そして、労働環境も良くない。

昔は「いずれ自分の店を持ちたい」という夢を持って〝丁稚奉公〟していた。

しかし、今は、そんな〝現実〟を見ることもできなくなっている。

ならば、スーパーマーケットが安定した収入と恵まれた労働環境で、その「料理人」たちの〝夢〟をかなえてあげてはどうか。

「本格レストラン」の味をスーパーマーケットで味わえる。

それだけでも「店の独自化」になります。

それを実現し始めている企業が日本にも出現し始めています。

山梨の「アマノパークス」さん、高知の「サンシャインチェーン」さん、兵庫の「ヤマダストアー」さんなどです。

もう、「家庭の味」追求のデリカでは通用しない時代がそこまで来ているのです。

対策④ 「製造業」からの脱却を図れ！

デリカは「生産性が悪い」部門（図表㉞）。

よって、常に「生産性」との闘いと言っても過言ではありません。

そのために「効率重視」の作業や商品化、品揃えをしてきたのです。

しかし、この「消費不況」下において、そういう企業は大打撃を受けてしまっている。

逆にごく一部の企業が「生産性が悪いのは、販売力がないからだ！」ということに気づいた。

「なぜ、ロスが多いのか？」「なぜ、生産性が悪いのか？」――。それは、販売力に目図表㉞　惣菜は「製造業」からの脱却を図れ!

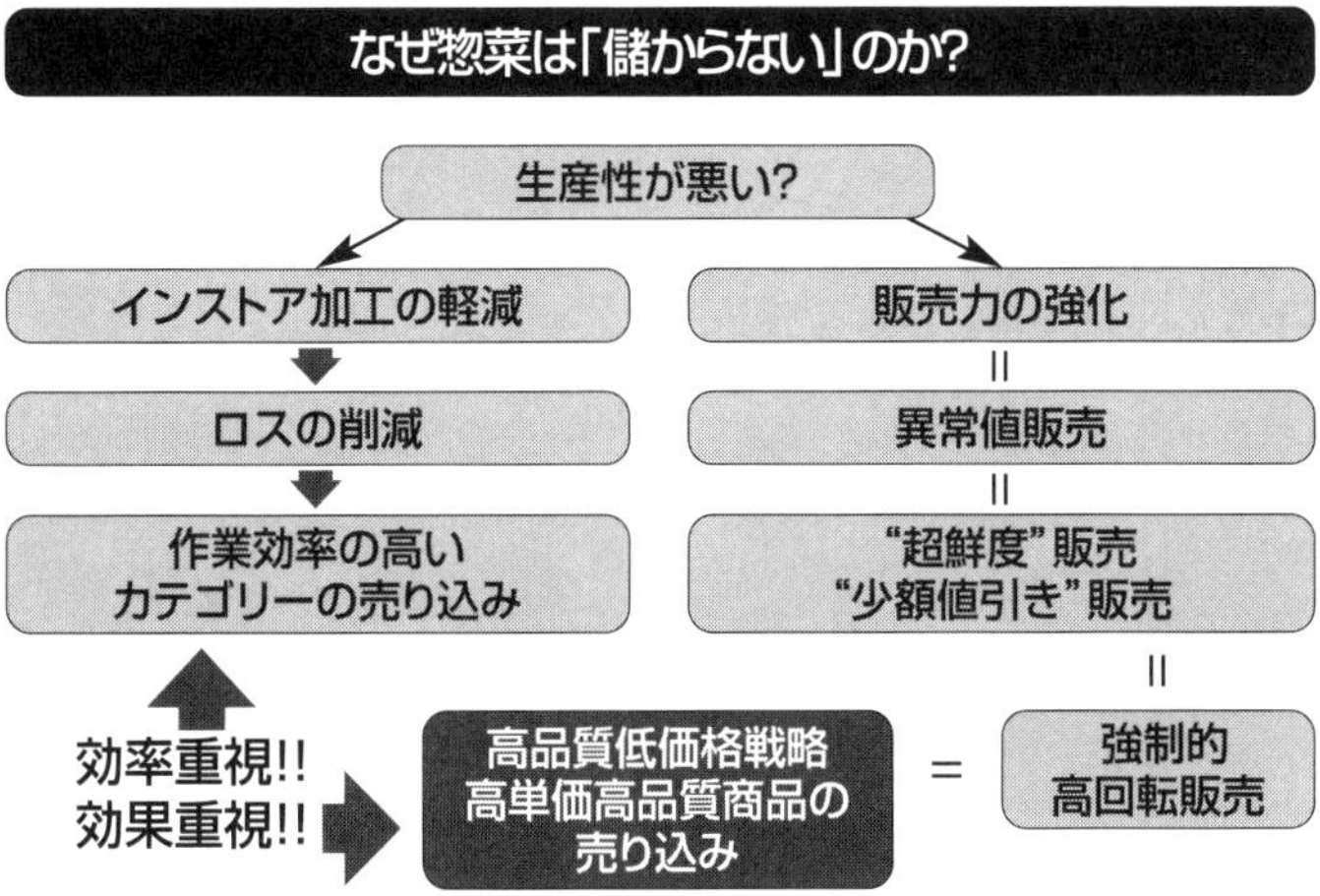

図表㉟　販売力アップの方法

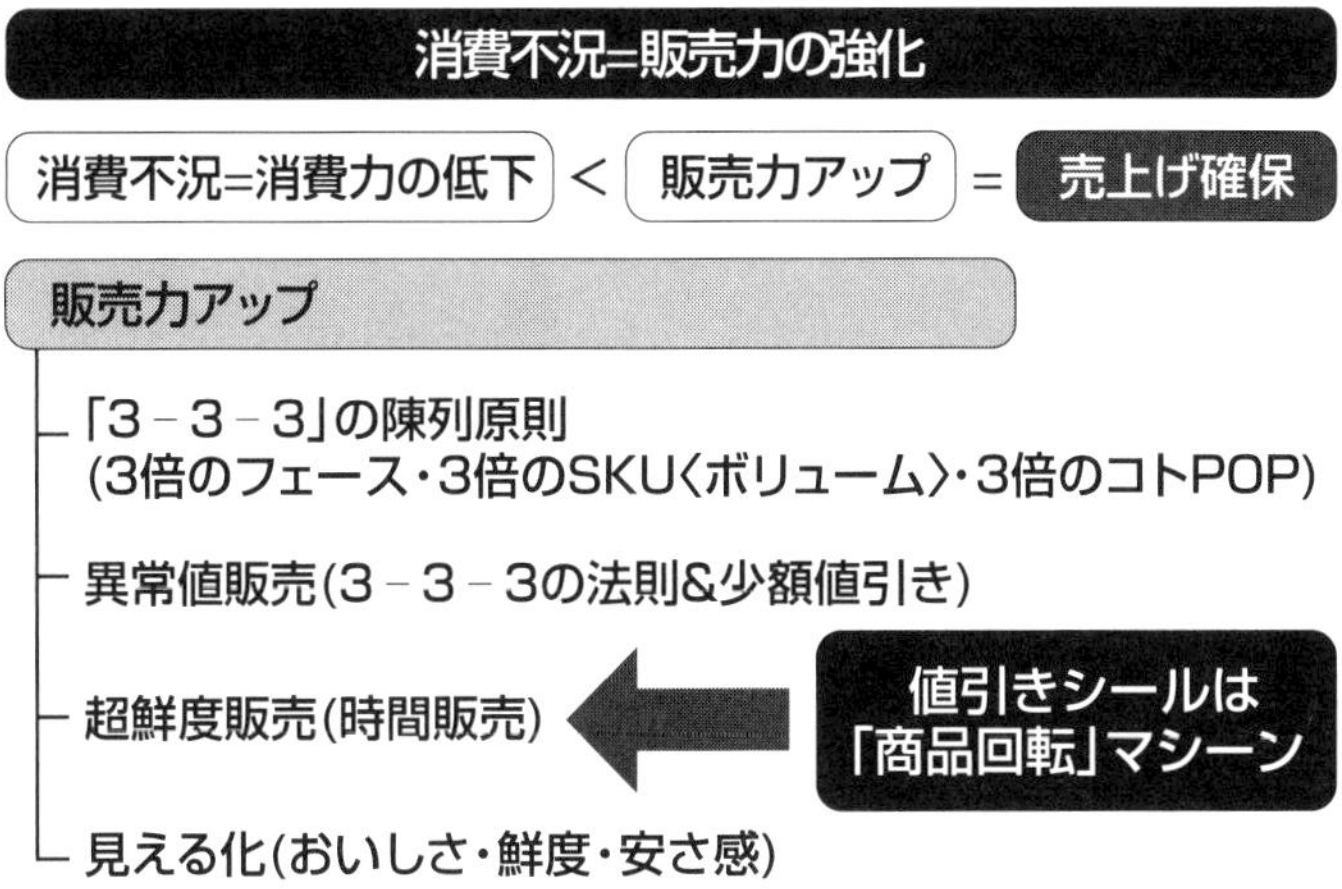

を向けずに、とにかく「作業効率」にばかり目を向けていたからではないだろうか？ ということに気づいたのです。販売力を強化し、常に「異常値販売」に挑戦し、〝超鮮度〟で〝少額値引き〟で売り切っていく。

そして、どんどん製造し、〝超鮮度〟と〝少額値引き〟で高回転を実現していく。

さらに「高品質低価格」や「高単価高品質商品」を中心にこの「異常値販売」をすることにより〝単価アップ〟を実現する。

そうすれば「生産性」が飛躍的に向上するという考え方（**図表㉟**）。

小生は、「デリカは販売力がないから、儲からない」と常に言っています。

皆さんのお店は「陳列して終わり」「製造して終わり」になっていませんか？

これでは、どんどん儲からなくなりますよ。「販売力」に少しフォーカスしてみてはどうですか。

対策⑤　「安売り」から脱せよ！

「コロッケ1個20円」「弁当1個２５０円」

マスコミなどで不景気だから安いデリカが売れると持てはやされる。

「そうなんだよ。これからはデリカも安さだよ」ということで安易に安さに走った。

しかし、その結末は、

「お客さまの支持を失う（まずいことは数回食べればわかる）」「生産性を悪化させる」という最悪のものに…。

小生は、ずっと「安売りはやめろ！　デフレスパイラルなのだから、もっと品質を上げろ。おいしい商品を値頃で提供できるチャンスだ！　方向性を間違うな！」と、言い続けてきました。

今ではこれが功を奏し、指導先企業の売上げも生産性もアップしてきています。例えば…、

「弁当を安くするなら〝みそ汁無料サービス〟などで付加価値を上げるべき」

「寿司を安くするなら〝ネタをグレードアップして価格据え置き〟にすべき」

「コロッケを50円以下で売るなら、棒ヒレカツを定価の3割引きで販売すべき。1本200円台で飛ぶように売れるはず」

ということです。

日本人の「食」に対する〝感性〟は世界一だと小生は思っています。

「安かろう、まずかろう」は通用しません。「デフレスパイラル」で、高級食材や高品

質食材も相場安なのです。もっと、そこにフォーカスすべきではないでしょうか。

生産性の悪いデリカ部門が「安売り」することがどれだけ収益面を圧迫するかは皆さん承知しているはず。

「販売力」で高品質低価格商品、高単価高品質商品を売っていきましょうよ。

そうすることで、販売力もつくし、単価ダウンを防ぐこともできる。

ひいては、おいしければ「リピート客」が増える。良いことずくめです。

対策⑥ 「惣菜」ではなく「デリカ」

図表㊱に4つの「基準」のパラダイムシフトをまとめてみました。

まず、今までの皆さんの「基準」が通用しなくなりつつあることを理解してください。

なぜ今回、あえて「惣菜」という言葉を使わずに「デリカ」という言葉を使っていると思いますか?

それは、まさしくこれからは、「デリカ」へパラダイムシフトしていかねばならないことを認識していただくためです。

もちろんいろんな「障壁」はあります。

図表㊱　デリカ部門の「パラダイムシフト」例

a.「鮮度力」基準=「時間販売」

ポイント

・作業オペレーションに組み込む(売場に残っていても作る)
・値引き基準をつくる
・「見える化」する

b.「おいしさ力」基準　=「惣菜」から「デリカテッセン」へ

ポイント

・基準を「外食」に持っていく
・「シェフ」の採用も考える
・「家庭の味」⇒「プロの味」へ
・「高品質低価格」戦略での商品リメイク

c.「品揃え力」基準=「脱揚げ物」主義

ポイント

・「戦略キャンバス」での整理
・「家で作れない」商品・カテゴリーの強化
・「高品質低価格」商品の強化

d.「人間力」基準 =「考える力」をつけさせる

ポイント

・「失敗してもいい」という文化づくり
・「荒利益高」発想
・「成功事例」の共有化
・「刺激」を与える(気づきが成長する)

しかし、スーパーマーケットが「惣菜」を導入したときの苦労を考えたら、この「障壁」は高くありません。

「外食ニーズの取り込み?無理!」

「シェフの採用?絶対無理!」

「荒利益高発想?無理!」

「バックヤード在庫ゼロ?できるわけない!」

という「否定的観念」が進化を止めているのではないでしょうか。

「どうしたらできるのか?」という考え方にシフトしていけば、いろいろとアイデアは出てくるはずです。

スーパーマーケットの全部門の中で、今後大きく「パラダイムシフト」すると感じている〝デリカ部門〟。

いずれパラダイムシフトせざるを得なくなるなら、今から取り組む方がよいのではないでしょうか。

小生は、業界誌などで言われていることと「180度」違うことを提案しているかもしれません。

でもね、間違いなくこの流れになっているし、向かっています。

アメリカのスーパーマーケットを視察すればわかります。

日本の成長企業を視察すればわかります。

日本のこれからの環境や時代を推測すればわかります。

「デリカ部門」は、これから最もパラダイムシフトしなければならない部門。

一つ一つ、考え方を変え、「改善、改革、進化」してみてはどうでしょうか。

日配品・グロサリー・日用雑貨・酒部門

消費不況下で最も「レッドオーシャン」化している日配品、グロサリー、日用雑貨、酒部門。

「売上げは上がらない。荒利益も取れない。

いったいどうしたらいいのか?」。

そこで、ズバリ、「レッドオーシャンからの脱出法」を提案します。

対策① 今までの売れ筋より「おいしい」

「デフレスパイラル」時代に「今までの売れ筋商品をもっと安くする」政策が功を奏するでしょうか？　違いますよね。

こういう時代は「今までの売れ筋商品よりも高品質な商品を値頃感で販売する政策」が功を奏するのです。言葉を換えると…。

「今までの売れ筋商品より高品質な商品を販売して、単価を維持して売上げを上げていく」ということ。

「そんなことできるわけないだろう！」と、思っていますよね…。

そう思われている方は、この「デフレスパイラル」下で売上げ、利益ともに大苦戦されているのではないでしょうか。

でも、ここで皆さん思う。「高品質って〝こだわり〟商品を売れっていうこと？」

——違います。

具体例で説明しましょう。

a．今までの売れ筋より「おいしい」

写真⑰

写真⑰を見てください。

今までの売れ筋との「味比べ試食」で味の違いを見える化して販売しています。

こんな販売法って見たことありませんよね。

でも、お客さまの立場なら、「味の違い」がわかった方がいいに決まっている。

これを行うことで「高品質」な商品が売れてくる。

何といっても「今まで食べていた商品よりおいしいから『リピート率』が高まる」という〝ダブルメリット〟もあります。

b. 今までの売れ筋より「多用途・多機能」

次頁**写真⑱**は「濃縮つゆ」の売場です。

今までの売れ筋は「ストレートつゆ」。

しかし、「いろんな使い道がある」ことを見える化することにより「濃縮つゆ」へのブランドチェンジをすることをお勧めしている売場。

すると、「節約志向」の強い今、お客さまは見事にブランドチェンジしてくれま

写真⑱

す。

高単価商品ですが、お客さまのメリットを見せたことで「Win-Win」商品になったのです。

c. 今までの売れ筋より「安全・安心」

「少子高齢化」がますます進む日本において、お客さまの「ニーズ」は間違いなく健康や安全、安心志向となってくる。スーパーマーケットの先進国もその動きになっている。

だから、それを「見える化」していけばよい。ポイントは…、

「未来を担う子供たちのために…」などのコンセプトを前面に出すことです。

安全・安心商品は、コンセプトで販売するものであると小生は思っています。

MOTHER'S DAY
焼ぼてと
1260
ファンシーキャンディー
315
レユニールクッキー
315
ショコラクッキー
315
MOTHER'S DAY
フェレロコレクション
680
ロシエチョコレート
798
ちょっと豪華なチョコはいかが?

写真⑲

プリンフェア
当店のオススメ品！
戸田久北緯40度盛岡冷麺の
ここがすごい！
88
258

写真⑳

「自分の家族のため、子供のため…」」、お母さんは、毎日それを願っています。

その心の琴線に触れると売れるんです。

d. 今までの売れ筋より「ブランド力」がある

「デフレスパイラル」下において、一番売上げが低迷しているのが「ブランド」で販売した商品。よって「数量確約」すれば、大幅に原価が下がる。

それを「安さの見える化」をして、「3－3－3の陳列原則」で単品量販する（**写真⑱**）。

皆さんのお店を見まわしてみてください。意外とあるのですよ。「ブランド」で売ってる商品って…。

a. 今までの売れ筋より大容量でおいしい

写真⑳は「盛岡冷麺」の箱売りの風景。

これまた「デフレスパイラル」下でお土産やギフトとして苦戦している商品です。

こんな〝悩み〟商品って、いっぱいありますよね。

これを「最小単位（単価）」の見える化をして売り込む。

〝爆発的メガヒット商品〟になります。

b. 今までの売れ筋より「高品質」なのに理由ありで安い

写真㉑は「国産梅干しのつぶれ」を売り込んでいる風景。

今、話題の「理由（ワケ）あり」ということを見える化した販売方法。「大ヒット中」です。お客さまはこんな「宝物探し（提案）」というのが大好きなんです。

ですから、こういう高品質商品は〝メガヒット〟するのです。

写真㉑

対策② なぜ、冬にシチューで夏にカレー？

「ウオンツ商品」提案とは、もっと簡単に言うと「新しい価値創造（提案）」のことです。

小生の第1作「スーパーマーケットの新常識」で〝夏に切り餅を販売〟した例を紹介したところ、もう〝夏に切り餅〟って常識になってきましたよね。

こういう商品っていっぱいあるのです。

そこで次頁**図表㊲**は、今まで小生が提案し、メガヒットした商品例です。

まだまだ「宝の山」商品っていっぱいあるのです。皆さ

図表㊲　ウオンツ提案で“メガヒット”した商品例

夏	切り餅・レトルトおでん・煮豆・寄せ豆腐・こんにゃく・キムチスープ・ポン酢・レトルトご飯・のどあめ
冬	焼肉のたれ・冷麺（正月）・ピザ・キムチ・濃縮つゆ・麦茶・アイスクリーム・果肉ゼリー・ところてん（正月）・カレーフレーク
春・秋	すき焼きのたれ・そうめん・麺つゆ・うどん（春）・刺身こんにゃく（春）

・インスタントラーメンより一食当たりは「パスタ」が安い
・「麦茶」はペットボトル飲料の10分の1の安さ
・「お好み焼き」は「一人前」で考えると節約料理
・「干しシイタケ」はいろんな料理に使える万能選手
・「すき焼きのたれ」は肉じゃがのたれ！
・「カレーフレーク」でカレーにすると、
“お母さん、今日のカレー、おいしいね！”って子供さんに言われますよ。
・ポン酢は夏の方が使い道あり！
・ピザは、「宅配ピザの5分の1」の価格

ん、もっと考えましょうよ。

なぜ、冬にシチューで、夏にカレーなの？　なぜ、冬にポン酢で、夏に麺つゆなの？

なぜ、節約というと、インスタントラーメンなの？　パスタの方が一人前当たりにしたら安いのに？

なぜ、のどあめは冬なの？エアコンが効きすぎてのどを痛める人は夏の方が多いのに。

なぜ、冬にすき焼きで、夏は焼肉なの？子供はすき焼きより焼肉が好きなのに。

こんな「疑問」っていっぱいあるのです。

それをあぶり出して、「コトＰＯＰ」で見える化すればいいわけでしょ。

そうすれば「新しい価値・需要創造」提案ができるわけです。

ちょっと安くするだけで売れる。

だから、グロサリーでは考えられないような荒利益高（率）商品になるのです。

対策③　コトPOPの進化

グロサリーをはじめ、スーパーマーケットの非生鮮部門全体に言えること。

それは、お客さまへの販売方法のレベルが低いということです。

「商品名と売価」だけのＰＯＰが多過ぎる。あっても「料理メニュー提案」。

それも、もうお客さまは「知っている」料理のメニュー提案のみ。

もっと販売方法や技術の進化をしなければいけません。

ａ．「味比べ試食」＆「投票ＰＯＰ」

２００頁の写真⑥⑦で紹介した「味比べ試食」＆「投票ＰＯＰ」です。

グロサリーの場合、そうそう「味比べ試食」って実施できませんよね。

でも、この「味比べ試食」のときにお客さまにどちらがおいしいかを投票してもらえばＰＯＰ化できる。

そうすれば、毎日「味比べ試食」をしているのと同じ効果が出る。

すると、今までよりも「商品質」「高単価」「高荒利益高」の商品が売れるのです。

一種の革命的ＰＯＰです。こんなＰＯＰが店内いっぱいに咲いたら、どんなに楽しい売場になることでしょう。挑戦してみてはいかがですか？

ｂ．コトＰＯＰの進化

もう「コトＰＯＰ」も古くなりました。

今では「コト放送」「コトＤＶＤ」「コト人間」「コトパネル」まで出てくるありさま。

徹底的に「価値の見える化」をしていこうというものです。

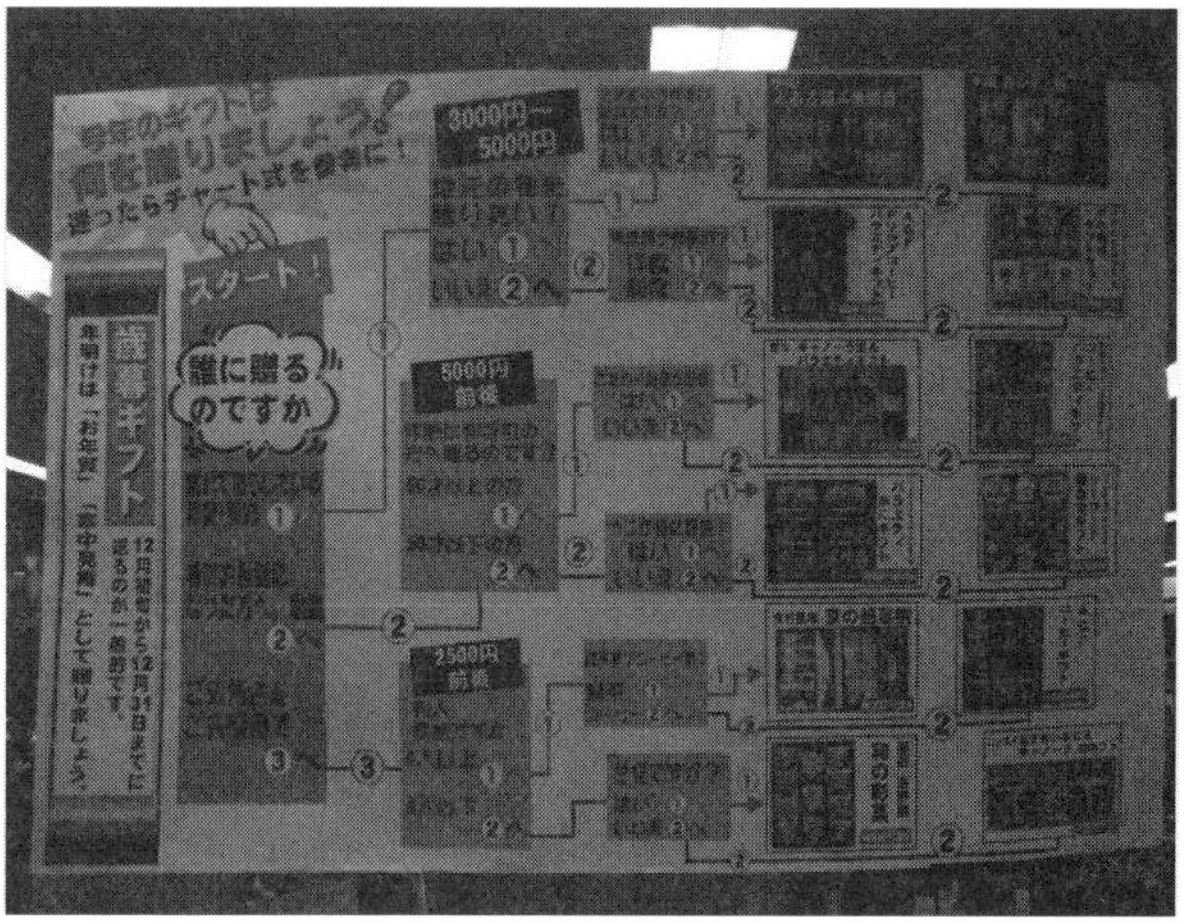

写真㉒

ＰＯＰの文字や文章より「映像」の方がわかりやすいですよね。

または、買物しているときに、店内放送で「商品紹介」が流れていたらちょっと気になりますよね。

また、「商品説明」を丁寧にしてくれるスタッフがいたら、ついつい買ってしまいますよね。

「価値」の見える化はいろんなやり方があるんですよ。「コトＰＯＰ」で満足せずに進化してみてはどうですか？

写真㉒は「コトＰＯＰ」の進化例です。すごいでしょ。「チャート図」ＰＯＰです。でも、スーパーマーケット業界にどっぷり漬かってしまっている専門家や常識人の方々はこう言われます。

「商品を売っていないで、ＰＯＰを売っている。商品よりＰＯＰが目立ち過ぎ」

「そんな大きなＰＯＰ作ったら印刷コストが上がるじゃないか！」

全面否定。でも今は「価値を売る時代」。

「モノ消費」から「コト消費」へパラダイムシフトしている時。

商品よりＰＯＰ（価値）を売るぐらいの方がよいのです
「費用対効果」です。印刷コストが多少かかっても、荒利益率の高い商品を売り込んだ方がよいのではないでしょうか？

今回取り上げた企業さんは「信じられない」ような荒利益高アップを実現しています。

対策④ 「単品量販」が「安さの見える化」

メーカーさんの「ディスプレーコンテスト」のときしか単品量販をしない。

そんなスーパーマーケットが多い。

「誰のために店づくりしているの？」――小生は、いつもそのシーンや業界誌での売場写真を見て思う。

「もっと、お客さまに自分たちが本当にお薦めする商品」を、「もっと売れて、儲かる

写真㉓

商品」を単品大量販売したらもっともっと儲かるのに…。

写真㉓は高荒利益高商品の「単品大量陳列」例です。

「売れて儲かる」商品を大量に売り込むことで、お客さまの立場からすると「売り込んでいるのだから、安いのかもね…」というように思われますよね。

単品量販や単品大量陳列こそが「安さの見える化」なのです。

しかも、高荒利益の「新しい価値創造商品」ですから、競合企業との価格の血みどろの闘いは起こらない。

スーパーマーケットの非生鮮部門は「儲からない」のではありません。

「儲からない商品を売っているだけ！」

「新しい価値創造を怠っているだけ！」

「お客さまへの価値の見える化を怠っているだけ！」

なのです。

なぜ、そうなるのか？

社内のすべての人間に「グロサリーは儲からない」という固定観念が強烈にあるからです。

それを取り払わない限り、これからも永遠に「レッドオーシャン」の闘いをすることになるでしょう。

そろそろ、日本のスーパーマーケットも荒利益率を上げていくべき時ではないでしょうか？

スーパーマーケットでは売上構成比50％以上もある日配品、グロサリー、菓子、日用雑貨、酒部門。

この部門の「荒利益のパラダイムシフト」をしていかない限り、日本のスーパーマーケットの荒利益率は上がりません。

そしてスーパーマーケット業界の地位の向上も実現できません。

レジチェッカー部門

レジチェッカーさんは立派な「販売員」。

「精算業務」のみでは、あまりにももったいなさ過ぎる。

レジチェッカーさんは、毎日、お客さまと接しておられる。

ですから、お客さまの意見やクレームをいっぱい知っている。

その人たちが「販売担当」になったら、すごいことになることぐらいわかりますよね。

この「優秀な人財」を活用しない手はないと思いませんか。

レジチェッカー中心で驚異的「予約」獲得

消費不況で予約が激減している「ボジョレヌーボー」。

福島県相馬市の（株）キクチでは、レジチェッカーさんだけで驚異的数字の「ボジョレ

写真㉔

写真㉕

ヌーボー」の予約を取ってしまったんです。

2008年280本、2009年1076本

信じられますか？　たった9店舗の企業がですよ。すべてレジチェッカーのパワーで獲得したのです。どうやって獲得したのか？

・店内放送での予約のコト放送

・ワッペンを作り、全社員に付けてもらい、予約の見える化をする

・精算時の一声運動

・帰られる時に「1枚ずつ」手渡し運動

・個別訪問

〝執念〟としか言いようのない活動

これが**1076本**という驚異的な数字をたたき出したのです。

写真㉔㉕は、四国徳島で46店舗を展開している（株）キョーエイさんの「キョーエイ・沖浜店」のレジチェッカーが作成した売場の写真。

すべてレジチェッカーの方々の手作り。階段の花が季節ごと、イベントごとに変わる。

クリスマスの予約パネルの手作りはもちろんのこと、「プルースト効果」を出すためにバニラエッセンスを振りかけているんですって。

さらに、地元の菓子を手作りＰＯＰで売り込む。決して安くないにもかかわらず、ものすごい数量が売れた。

こんなすごいことがレジチェッカーの皆さんの戦力化で可能になるのです。

レジチェッカーだからこそできる販売がある

これからのスーパーマーケットは「食材提供」の場から、地域の「コミュニティの提供」の場になってくる。

だから、スーパーマーケットが、こんなことしてもいいと思うのです。

毎日、お客さまから直接、お褒めの言葉、おしかりの言葉、励ましの言葉を聞いているレジチェッカーさんたち。

だからこそ、彼女たちはお客さまに「何かしてあげたい」と思っているのです。

その気持ちを〝カタチ〟にしてはどうですか？

販売においては「戦力外と思っていた人財が戦力になる」。

これだけでも、ものすごい生産性向上につながると思います。

ただし、そのためには店長のリーダーシップが要求されます。

小生は、よく言います。

「優秀な店長には、優秀な女性パートさんあり！」と。

店長がどんどんレジチェッカーの方々に挑戦させてみてください。

一番お客さまのことを知っているレジチェッカーだからこそできる販売ってあるのだから…。

あとがき

新しい時代を一緒に築いていきましょう

「スーパーマーケット」という業態がアメリカから入ってきて50年になろうとしています。

日本経済の「高度成長」とともに成長してきたスーパーマーケット。

その日本経済が大きな曲がり角に差し掛かっている今、スーパーマーケット業界とて同じように大きな曲がり角を迎えているのではないでしょうか。

「スーパーマーケットとはこうあるべきだ!」

という「あるべき」論が音を立てて崩れてきているように小生は感じています。

このままいったら、スーパーマーケット業界は「低賃金業界」の代表格になってしまう。

このままいったら、スーパーマーケット業界の「地位」向上どころか、低下し続けてしまう。

そう危惧する今日このごろです。

「なぜ、あなたはそこまでスーパーマーケット業界全体のことを考えるのか?」

「コンサルタントなのだから、クライアント企業のことだけ考えればいいのではないか?」

「実力もないのに、何ができるんだ?」

と、いろんな方から言われる。

その「なぜ?」を公開して、この本を終わりにします。

それは…。

「一人の男との約束」を守るためです。

その男の名は「稲 健治」。

小生が「流通業界の縁の下の力持ち企業になる」という〝理念〟のもと、設立した「商人ねっと株式会社」。

その第1号社員が稲 健治君でした。

ある大手広告代理店に就職が内定しているにもかかわらず、その人間性と能力に小生がほれ込み、「ストーカー」のように何回も彼を説得し半ば強引に入社してもらいました。

しかも、大手広告代理店の半分の給与で…。

そして、たった一人で「小売業専門インターネット教育サイト」の〝商人（あきんど）ねっと〟(http://www.akidnonet.com）のシステムを構築してくれました。


彼は小生が見込んだとおりの人間でした。

いつも、酒を飲むたびに彼は、こんなことを言ってくれてました。

「僕はハートの熱い人が大好きなんです。だから、給与は安くてもこの会社に居るんですから、経営的にものすごく苦しいときでも、彼の励ましがあったから乗り越えることができました。

彼の存在がなかったら、志半ばでくじけていたことでしょう。

そして「商人（あきんど）ねっと」がようやく認知されるようになり、会員数が増え、会社も軌道に乗り始めたその時です。

突然、彼が病に伏せてしまいました。

病名は…。

「急性骨髄性白血病」…。

難病でした。

しかし、彼は「不屈の精神」でなんとかこの病気を克服しようと懸命に病気と闘いました。

そして、抗がん剤の副作用で痛みを伴い苦しんでいるときでも、毎日のように商人ねっとのアソシエイト（社員）にメールで指示を出していました。

本当に会社を愛してくれていました。

アソシエイト（社員）を愛してくれていました。


しかし、神様は時として「むごい」ことをします。

抗がん剤の影響で合併症を起こしてしまったのです。

その一番苦しいときに送ってくれたメールを紹介します。


「社長、僕はもうダメかもしれません」

「社長、絶対に夢をかなえてくださいね。夢をあきらめないでください」

「悔しい。一緒にもっと仕事したかった」


その約2週間後。2008年4月19日。

「帰らぬ人」となりました。享年37歳。


あまりにも早い死でした。

彼の「励まし」でここまで来られました。

彼なくしてはあり得なかったこと。

彼の「頑張り」で、今の自分があります。

小生一人の力ではありません。

そして、商人（あきんど）ねっとがあります。

だから、稲君の死後、「自分の命を懸けて、スーパーマーケット業界にお役立ちできる」

生き方をしようと決めました。

このことが亡き〝同志〟「稲 健治」君への恩返しになると思っているからです。


彼には何もしてあげられませんでした。

「やっと、会社も軌道に乗って、少しは彼を幸せにしてあげられる」というときに彼は小生の前からいなくなってしまったのです。

ですから、周りの方々に「生意気だ！」「常識を知らな過ぎる！」「実力がないくせに！」と非難されても小生は…。

「日本のスーパーマーケットを変えていきます」

「スーパーマーケットの〝地位向上〟の運動を続けます」

「スーパーマーケットで働いている方々を幸せの方向に導いていきます」

それが「稲 健治」君との約束だからです。

小生の〝人生の目的〟は、

「自分の命を懸けて、世の中の人々が幸せを勝ち取るまで、夢と希望と勇気を与え続けられる〝情熱〟の変革者、教育者となることである」

です。

そのために「やる気と感動の祭典」という全く新しいスタイルのセミナーを年3回開催しています。

〝スーパーマーケット業界の甲子園〟を目指しているセミナーです。

スーパーマーケットで働く人たちの目標となる祭典（セミナー）にします。

ぜひ、参加してみてください。

そして、稲 健治君が一人で作り上げた小売業専門インターネット教育サイト「商人（あきんど）ねっと」を企画・運営しています。

稲 健治君と約束した「夢」。

「商人（あきんど）ねっとを通じて、世の中の人々の幸せを実現する」を達成するためです。

ぜひ、会員になって勉強してみてください。

「スーパーマーケットで働いている人を一人でも多くアメリカへ連れて行きたい。そして多くの〝気づき〟や〝感動〟を受けてほしい」という一念から〝高品質低価格〟のアメリカ視察セミナーを企画しています。

もちろん、コンサルティングや講演会も年300日近く行っています。

〝一人の男〟との約束を守るために…。

皆さん、一緒に幸せになりましょうよ。

〝人生、二度なし〟です。

「生かされている喜び」を感じながら、勇気を持って新しいことに挑戦していきましょう。

そして、一緒に〝新しいスーパーマーケット〟像を創り上げていきましょう。

この本が、その参考になれたら幸いです。

小生のような者が本を書けるのも、厳しい「基準」や「取り組み」の要求に勇気を持って挑戦し続けてくれるクライアント企業があるからです。

クライアント企業の方々に感謝。

「ありがとう」

「商人ねっと」会員になられて、勉強し、業績を上げていただいている方々に感謝。

「ありがとう」

いつも「基準の高い」要求に応えようと、日々頑張ってくれている、商人ねっとアソシエイトたちに感謝。

「ありがとう」

そして、仕事ばかりして、迷惑ばかり掛けている親愛なる家族へ…。

「愛してるよ」

最後まで読んでいただいたすべての方へ…。
「ありがとう」
最後に天国にいる「稲 健治」君へ…。
「君と出会えて良かった。これからの僕の人生の半分は君のものです。
必ず君が僕に託した〝夢〟をかなえるからね。
いつまでも見守ってくれよな」

合掌。

商人《あきんど》ねっと

かつおタタキ
商品提案

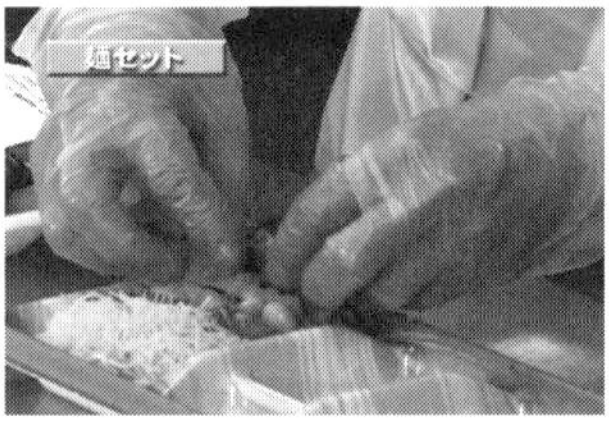

麺セット

料理総菜バイキング

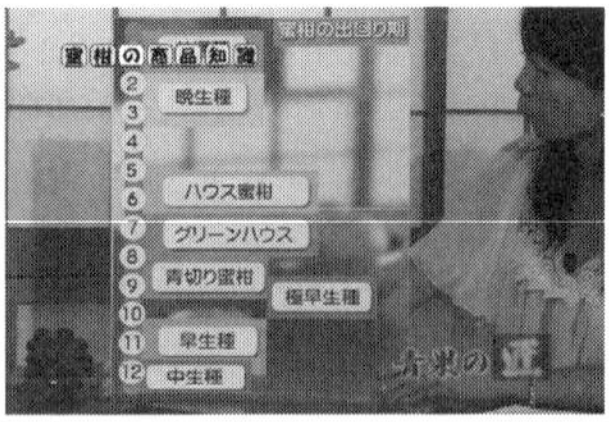

蜜柑の出回り期
蜜柑の商品知識
2
3
4
5
6
7
8
9
10
11
12
晩生種
ハウス蜜柑
グリーンハウス
青切り蜜柑
極早生種
早生種
中生種

[著者略歴]
水元　均 ● みずもと　ひとし

1963年宮崎県生まれ。東海大学卒。

経済産業大臣登録中小企業診断士。

日本経営コンサルタント株式会社・商人ねっと株式会社
代表取締役。

スーパーマーケットのコンサルティングの他、"小売業の縁の下の力持ち企業"を目指し、小売業専門インターネット教育サイト「商人（あきんど）ねっと」（http://www.akindonet.com）を企画、運営している。

また、年に3回、「やる気と感動の祭典」という"スーパーマーケットの甲子園"を目指したセミナーも開催し、毎回1,000名近い参加者を集めている。

さらに毎日更新しているブログ「商人伝道師"一日一言"」（http://akindonet.exblog.jp/）は、一日2,000人以上がアクセスする"業界随一"の人気ブログとなっている。

今、最も"イノベーション"を起こしているコンサルタントである。

主な著書は、「スーパーマーケットの新常識！」（商業界刊）「スーパーマーケットのブルーオーシャン戦略」（商業界刊）。

教育サイト　小売業専門インターネット教育サイト
商人（あきんど）ねっと　http://www.akindonet.com

セミナー　やる気と感動の祭典（3月・7月・11月　開催）

連絡先　〒104－0045　東京都中央区築地6-4-5-801
日本経営コンサルタント株式会社
ホームページ：http://www.nihonkeiei.co.jp
E-mail：info@nihonkeiei.co.jp

スーパーマーケットのバリューイノベーション
—新しい価値創造—

2010年7月7日　第1刷発行

著　者　水元　均
発行者　榊原清高
発行所　株式会社　商業界
http：//www. shogyokai.co.jp
〒106-8636　東京都港区麻布台2－4－9
電話［販売部］　03-3224-7478
振替口座　00160-6－4018
装　丁　ecru 徳武伸子
印刷・製本　株式会社シナノ

ISBN978-4-7855-0378-9　C0063 Printed in Japan